황세란의 유인균 발효

황세란 저
연구위원
한국의과학연구원

예문사

『황세란의 유인균 발효』를 세상에 내어 놓으며

    자연치유에 대한 필자의 관심은 20대부터 시작되었다.
    어릴 때부터 잦은 병치레로 부모님을 힘들게 했고, 청년기에는 구두로 인해 생긴 발뒤꿈치 염증 치료를 위해 복용한 약의 부작용으로 손과 발에 홍반이 생기기 시작하면서 30년 넘게 고생을 했다. 피곤하거나 조금 무리를 했다 싶으면 손에 작은 붉은 점이 생기기 시작해 점점 큰 홍반이 되고 열이 나면서 손과 발은 퉁퉁 부어 심지어 젓가락도 제대로 사용하지 못할 정도였고, 손에 힘을 주는 일들은 엄두도 낼 수 없었다. 어머니께서 '공주병'이라고 하실 정도로 손으로 하는 일은 할 수가 없었다.
    문제는 이런 괴로움에도 불구하고 병원에서도 딱히 원인을 찾을 수 없어 의사가 억지로 붙여준 병명이 붉은 반점이 생기는 염증이란 뜻의 '홍반염'이었다. 원인도 모르는 병을 고치기 위해 독한 피부병 약을 먹어댔으나 더 악화될 뿐이었다. 그 후로 약에 대한 내성이 강해지는 것이 아니라 오히려 약을 이겨내지 못하여 심지어 감기약을 먹어도 어지럽고 구토를 하며 쓰러지곤 했다. 그래서 감기 몸살이 걸리면 차라리 그냥 앓았고 사람들 앞에서 굽이 높은 구두를 신고 강의를 해야 할 때는 발이 퉁퉁 붓고 통증을 넘어 아예 감각이 없는 지경이 되기도 했다.
    이런 상태를 고치기 위해 한약을 먹기도 하고 몸의 독소를 빼낸다는 단식을 일 년에 두 번씩 10년 동안 했으며, 좋다는 민간요법, 식이요법 등을 두루 섭렵하면서 하루 한 끼 또는 두 끼만 먹고 자연 치유를 위해 나름대로는 최선의 노력을 하였다.
    사실 이런 고통은 경험하지 못한 사람은 잘 모른다. 손톱 밑에 홍반이 생기면 터질듯이 붓고 열이 나며, 손가락 마디에 생기면 손가락이 두 배로 퉁퉁 부어오르면서 너무나 아려서 며칠은 잠을 잘 수가 없다. 세월이 흐르면서 필자의 손발에 생기는 홍반은 말초의 모세혈관 혈액 순환장애로 인해 혈액에 염증이 동반되는 것으로 판명되었다. 딱히 약도 없으니 그냥 그렇게 견디며 살아가는 수밖에 없다고….

이렇게 여러 불편한 상황을 견디던 내게 8년 전 한국의 발효과학을 접할 기회가 생겼다. 발효에 대한 관심을 넓혀 가던 중 어느 날 유인균(유익한 인체의 균)을 알게 되었는데 유인균으로 여러 식재료를 발효하면서 정말 놀라운 경험을 하게 되었다.

유인균을 알게 되고 그것으로 갖은 발효음식을 만들어(천연식초, 음료, 차, 녹즙 등) 먹으면서 어느 순간 손발의 홍반이 줄어들면서 이제는 거의 사라졌고 만성 소화불량과 변비도 치유되었다. 고혈압으로 25년을 약을 드셨던 어머니도 이제는 약을 끊으셨고, 양쪽 어깨에 생긴 석회화 건염으로 팔이 아파 움직이지 못하던 것이 완화되고 무릎 퇴행성 관절염도 완화 되는 등 가족들의 오래된 질병이 쾌유되면서 점점 더 자연치유와 발효음식에 깊이 빠지게 되었다.

사실 그동안의 발효는 식품을 오래 보관하기 위한 지나친 절임에 불과하였으나 유인균 발효는 보관은 물론 제철 식재료들의 영양과 성분의 장점을 극대화하는 것으로서 설탕이나 소금을 무리하게 사용하지 않는다는 점에서 매우 가치가 있다고 할 수 있다.

필자는 유인균을 알게 된 이후 먹는 모든 음식에 '유인균'을 사용하면서 건강을 되찾았고, 이제는 그 자신감으로 다른 사람들에게도 이런 치유와 건강한 삶을 전해주고 싶다.

발효의 종주국답게 우리나라는 지역적 특성상 발효하지 못하는 것이 거의 없다. 그러나 현실은 어떠한가? 외국의 균들을 사다 먹는 실정이다. 우리들의 소중한 발효문화를 무시하고 우리 곁에 있는 소중한 균들을 외면해 온 것이다.

이웃나라 일본에서는 우리나라의 균들을 이용하여 세계적인 균으로 키워 나라 경제의 일익을 담당하고 있다. 심지어 우리나라 사람들도 그 균들을 사다 먹고 있으니 얼마나 어처구니없는 현실인가.

이제 작은 힘이나마 보태어 세계의 눈길이 우리에게로 향하게 하고 싶다. 단, 그 이전에 우리가 먼저 발효에 푹 빠져야 세계에 알릴 수 있다. 일반적인 한국음식으로 세계의 이목을 끌기는 쉽지 않다. 우리의 '유인균'으로 전 세계 각 나라마다 고유의 식료를 발효하여 건강한 발효문화를 세우도록 해야 한다.

우리가 김치를 외면하고 된장을 무시하면서 발효를 운운한다면 그 야말로 어불성설이다. 모든 식료는 발효가 가능하다. 발효하지 못하는 것이 없을 정도로 미생물은 힘이 강하다.

부모가 자식에게 줄 수 있는 것 중에서 가장 큰 것은 건강이다. 질병이 만연한 이 시대에는 임신도 하기 전에 온갖 검사를 해야 한다. 엄마가 무엇을 먹느냐에 따라 아기의 건강이 달라진다. 우리 할머니 세대는 많은 음식을 드시진 못했지만 좋은 음식을 드셨다. 하지만 지금 젊은 세대들의 상황은 그닥 좋지 못하다. 좋은 음식이란 건강을 유지하는 데 도움이 되어야 한다. 혀끝만 충족시키는 음식으로는 건강을 유지할 수 없다.

엄마가 간이 나빠 약을 먹는 동안 임신이 되어 태어난 아기는 온몸이 아토피 투성이다. 누구의 잘못인가? 누구를 탓해야 하는가? 답은 없다. 고칠 수 있는 방법이 분명히 있는데도 외면하고 독한 약에만 의존하는 모습들을 볼 때 암담하다. 질병에는 원인이 있고 원인을 역추적하다 보면 답이 나온다. 이 세상 만물을 향해 팔 벌린 자연의 품 속을 들여다보면 답이 있다.

'유인균'은 많은 음식을 두고도 건강을 누리지 못하는 불행한 현대인에게 자연이 준 선물이다. 숲속에 살고 있던 유용한 미생물이 콩에 들어가 맛있는 된장으로 재탄생하고, 배추와 함께 버무려져 맛있는 김치가 된다.

무엇보다도 발효는 어렵지 않다. 좋은 종균의 힘을 빌리면 발효가 쉬워지고 누구나 발효의 매력에 푹 빠지게 된다. 소화력이 완벽하지 못한 인체는 미생물의 힘을 빌려 소화를 시키고 낭비되는 효소를 저축함으로써 인체 에너지의 손실을 줄인다.

하루에 세 끼를 먹으며 살아가는 인간은 하루 종일 소화시키는 데 많은 효소를 사용하고 있다. 인체를 합성하고 질병을 몰아내는 등 대사작용이나 방어작용에 쓰는 효소보다 소화작용에 쓰는 효소가 더 많다는 사실은 이미 미국에서 밝혀졌다. 미국인들이 평생 소화시키는 데 사용하는 효소가 전체의 80%라고 한다. 미국인만 그런 것은 아닐 것이다. 우리도 일반적으로 세끼를 먹고 있으니 비슷할 것이다. 짐승은 아프면 굶는다. 소화 에너지를 줄여서 치유 에너지로 사용하기 위해 하루 종일 굶고 조용히 자연치유에 몸을 맡긴다. 그러면 얼마 지나지 않아 병을 털고 일어난다.

그러나 인간은 죽어라고 먹어댄다. 잘 먹어야 빨리 낫는다며 아픈 중에도 먹는 것을 멈추지 않는다. 잘 먹는다는 의미는 좋은 것을 잘 골라 적당한 양을 먹고 에너지를 낭비하지 않는 것이다.

발효는 미생물이 식료의 기질을 분해하여 변화시키는 과정, 혹은 그로 인해 생기는 현상이다. 효모나 미생물이 가진 효소의 작용으로 유기물이 분해되어 알코올류, 유기산류, 탄산가스 따위가 발생하는 것이다.

식료가 '유인균'에 의해 분해되면 단단한 조직의 구조가 느슨하게 되어 많은 틈이 생기는데 발효해서 먹는 음식은 소화작용에 사용하는 효소의 낭비를 줄여준다. 발효가 진행되면서 식료의 기질을 분해하고 좋은 성분을 빼내어 흡수되기 쉽도록 만드는 것이다. 그 발효를 유인균이 잘 되도록 돕고 빠르게 진행되도록 돕는다.

유인균 덕분에 장이 좋아져 변을 잘 보게 된 경우, 소화가 잘 되어 속이 편해진 경우, 잘 자고 피곤함이 없어졌다는 경우 등 수많은 실제 사례들을 보면서 필자는 더 큰 희망을 그려본다.

유인균은 국민건강을 염려하는 한국의과학연구원의 생명공학자들이 긴 세월 동안 애쓰고 노력한 결과이며, 무엇보다 오랜 역사를 가진 우리나라 발효문화의 산물이다.

유인균을 탄생시켜 수많은 사람들의 건강에 일조할 수 있도록 해주신 한국의과학연구원 생명공학자들께 깊은 감사의 뜻을 전하며, 유인균이 많은 음식에 스며들어 수많은 사람들이 보다 건강한 삶을 누리기를 기대해본다.

황 세 란

목차

『황세란의 유인균 발효』를 세상에 내어 놓으며 2

1 인체와 유인균

01. '유인균'이란? 12
02. 유인균의 핵심균주 13
03. 프로바이오틱스(Probiotics)란? 14
04. 균들의 세력 확장 17
    (1) 미생물의 인체 상주 자치구역 설정 18
    (2) 미생물 숙주인 인간의 통신 도청 20
05. 글리코 영양소 23
    (1) 인체 내에서 글리코 영양소의 작용 24
    (2) 다양한 당류를 함유한 식료의 예 28
    (3) 8가지 글리코 영양소의 효능 29
06. 장내 비만세균 연구 32
07. 박테리오신 35
08. 장의 독소와 간기능 36
09. 미생물 발효분말 속의 유인균들 39
    (1) 유인균 12종 39
    (2) 알파 유산균 12종 46
10. 건강의 바로미터 – 장내 건강과 소화 52
11. 유인균을 통한 장내 플로라(Flora) 형성 54
12. 좋은 균으로 유도하는 착한 유인균 56
13. 환경에 따라 변하는 균 57
14. 소화와 효소의 작용 59
15. 맛있는 김치를 위한 김치 유산균 62
16. 김치 유산균을 극대화시키는 유인균 64
17. 유인균 김치의 활용 67
18. 유인균을 장까지 69
19. 유인균과 성품 72
20. 장내 미생물과 세로토닌 74

21. 유해균과 독소	77
22. 인체의 자정능력	79
23. 유인균이 만든 폴리페놀	82
24. 어제 내가 먹은 음식이 오늘의 내가 된다	84
25. 우리의 국균을 만들자	86
26. 유인균이 선물하는 신비의 음료! 유인균 발효 천연식초	90
27. 유인균 디톡스	94

2 유인균 응용 레시피

유인균 사용의 중요 포인트	100
유인균 파인애플 발효액	102
유인균 파인애플 발효소스 두부	104
유인균 발효 치즈	105
유인균 바나나 발효액	106
유인균 참요거트	108
유인균 무즙 발효액	109
유인균 인삼 발효액	110
유인균 두유 치즈	112
유인균 발효 다시마 밥물	114
유인균 발효 셀러리 장아찌	116
유인균 치자 단무지	118
유인균 발효 천년초	119
유인균 발효 과일소스	120
유인균 발효 야채죽	121
유인균 발효 단호박죽	122
유인균 발효 파프리카주스	123
유인균 파프리카 드레싱	125
유인균 당근사과주스	126
유인균 우유 푸딩	128

유인균 포도 푸딩	129
유인균 발효 생강음료	130
유인균 생강차	131
유인균 고추 발효액	132
유인균 약선 과일김치	134
유인균 사과모듬장아찌	136
유인균 약선 삼색 연근 초절임	138
유인균 약선 삼색 두부	139
유인균 약선 오색 양갱	140
유인균 약선 두부찜	142
유인균 약선 오색 우묵과 우묵국수	143
유인균 인삼 발효 천연식초	144
유인균 파인애플 발효 천연식초	146
유인균 당근 발효 천연식초	147
유인균 발효 된장	148
유인균 발효 음료	150
유인균 발효 김치	151
뉴인균 발효 가습액	152
유인균 발효 활성액	154

3 유인균 경험 사례

유인균으로 되찾은 어머니의 건강 / 이승윤	158
난치성 질환에서의 해방 / 정영애	162
나도 이제 아침형 인간 / 이선혜	166
유인균으로 되찾은 아이들의 건강 / 김나영	171
건강의 새로운 발견 – 내 몸의 변화 / 전유진	177
유인균의 위대한 효능 / 김남희	179
유인균 발효 유청이 좋아요 / 김원형	182

인체와 유인균

유인균이란 '유익한 인체의 균'을 줄인 말이다.
인체에 존재하면서 인체를 이롭게 하고 건강할 수 있도록 유인하고 나쁜 인자로부터 지켜주는
균이라 할 수 있다. 즉, 유해한 균의 증식을 막고 유익한 균의 분포도를 높여 지속적인 건강을
유지케 하는 인체의 파수꾼과 같은 역할을 하는 것이 '유인균'이다.

01. '유인균'이란?

유인균이란 '유익한 인체의 균'을 줄인 말이다.

인체에 존재하면서 인체를 이롭게 하고 건강할 수 있도록 유인하고 나쁜 인자로부터 지켜주는 균이라 할 수 있다. 즉, 유해한 균의 증식을 막고 유익한 균의 분포도를 높여 지속적인 건강을 유지케 하는 인체의 파수꾼과 같은 역할을 하는 것이 '유인균'이다.

자연계와 인체에는 유익한 균과 유해한 균들, 그리고 상황에 따라 유익한 균이 되기도 하고 유해한 균이 되기도 하는 중간자적인 균들이 존재한다.

중간자적인 균들의 비율이 보통 80%를 차지하는데, 이 균들은 환경의 여건이나 상황에 따라 움직인다. 좋은 환경과 여건에서는 유익한 균으로 변하고 나쁜 여건과 환경에서는 유해한 균으로 변할 수도 있어 이들의 변화에 따라 장내 건강이 좌우되기도 한다. 바로 이러한 중간자적 균들을 이롭고 좋은 방향으로 유도하는 균이 '유인균'이다.

유인균의 핵심균 12종

- Weissella koreensis BSS10
- Lactobacillus brevis BSS04
- Lactobacillus plantarum HS729
- Leuconostoc citreum BSS07
- Streptococcus thermophilus BSS08
- Bacillus subtilis BSS09
- Lactobacillus salivarius SW709
- Lactobacillus casei BSS05
- Lactobacillus sakei MG521
- Leuconostoc mesenteroides SY1118
- Saccharomyces cerevisiae BSS01
- Bacillus subtilis BSS11

02. 유인균의 핵심균주

　유인균의 핵심균주 12종은 유인균의 대표균주로서 유해한 균을 억제하고 정균작용을 한다. 유익한 인체의 미생물인 유인균은 바실러스 서브틸리스와 유산균, 효모, 아시도필루스 오리제 균 등으로 구성되어 있는데 이 4가지 균들은 세계 4대 건강식품 미생물로 알려져 있다.

(1) 바실러스 서브틸리스 균은 청국장에서 아주 강한 균종을 추출한 것이며, 청국장은 신라시대부터 현대까지 천 년에 걸쳐 안정성과 건강학적 효능이 입증된 것이다.

(2) 바이셀라 코리엔시스 균은 우리나라 토속 균으로 김치에서만 볼 수 있는 균주로서 인체의 면역력을 높이고 독감에 대한 내성을 높이는 것으로 알려져 있다. 유인균은 성장속도가 매우 빠르기 때문에 이 미생물들이 만들어 내는 각종 효소물질들은 각종 유산균과 효모, 아시도필루스 오리제 균들의 먹이원으로 제공되어 장내 유인균 증식을 활발하게 유인해 낸다.

　우리의 장속 세균들은 약 1~2kg이며 이 균들 속에는 유해한 균도 포함된다. 이들은 인간 세포보다 크기가 훨씬 작기 때문에 체중에서 차지하는 비중은 1~2kg에 지나지 않지만 인체에서 배출되는 노폐물의 50% 이상이 이들 미생물이 만든 것이다. 최근 미생물이 인간의 생존과 건강에 결정적 역할을 한다는 사실들이 속속 밝혀지고 있다. 인체 유익균은 유해균의 활동을 억제하고 면역력을 강화하며, 비타민 생성 및 장내 염증 억제 등의 건강 유지 기능을 하는 데 탁월한 효능을 발휘한다. 일례로 유인균 종인 프로바이오틱스(Probiotics)는 최근 많은 관심과 호응을 얻고 있다.

03. 프로바이오틱스(Probiotics)란?

　세계보건기구(WHO)는 '프로바이오틱스는 건강한 사람의 장에 살고 충분한 양을 섭취하였을 때 건강에 좋은 효과를 주는 살아있는 균(Probiotics are 'living microorganism which when administered in adequate

amount confer a health benefit on the host')'이라고 정의하고 있다.

'Pro'와 'Biotics'의 합성어로서 'Pro'는 '~을 위하여'라는 뜻이고 'biotics'는 '생명'이란 뜻을 가지는 프로바이오틱스는 인체와 친화력이 있으며 인체의 유익하고 건강한 생명을 위한 '친생제(Pro-biotics)'라고 할 수 있다. 인체에 살고 있는 미생물을 죽이는 '항생제(anti-biotics)'와 대조되는 개념이기도 한다.

프로바이오틱스의 좋은 예가 바로 유산균인데 유산균이란 일본말이며, 우리말로는 '젖산균'이다. 이 균은 장내에 서식하는 유익한 미생물을 분리하여 호기성균, 혐기성균, 유산균, 효모균들로 사용되고 있으나 주로 유산균이 많이 이용되고 있다. 실제로 대부분의 사람들에게 유산균은 이미 '좋은 균, 유익한 균'이라는 인식이 깊이 박혀 있다.

그렇다면 유인균은 무엇이고 유산균은 무엇인가? 유산균에는 수많은 '종'이 있으며, **'유인균'**은 수많은 유산균 종의 일부가 아니라, 많은 유산균 종을 포함한 유익한 균들의 복합균이다.

　유산균은 산을 형성하는 능력이 있는 균들인데, 오랫동안 유산균이라는 단어가 인체 유익균의 대표 개념으로 사용되어 왔다고 할 수 있겠다.

　하지만 단종의 유산균이 수많은 식료들을 발효하는 기능이 약한 데 반해 유인균은 모든 식료의 발효에 적용할 수 있다. 뿐만 아니라 각 식료의 기질에 따라서 함유한 균들 중에 우점종이 결정되어 발효에 특출한 역할을 하기 때문에 어떤 발효음식을 만들어도 맛있는 음식이 될 수 있는 복합균종이며 발효음식과 더불어 인체에 유익한 작용을 하도록 도와준다.

　과학의 발전으로 지금 이 순간에도 인체에 도움을 주는 미생물들이 계속 발견되고 있으며, 심지어 특정 곰팡이균도 인체에 유익한 것으로 밝혀지고 있다. 우리가 알고 있는 버섯류는 곰팡이 균의 일종으로 식용 버섯이 많다.

　유산균, 효모 등을 포함해 인체에 도움을 주는 모든 미생물을 총칭하여 '프로바이오틱스(Probiotics)'라고 부르는데, 유익균을 총칭하는 프로바이오틱스라는 단어는 이미 세계적으로 사용되고 있으며 한국식약청 공전에도 공식적으로 사용되고 있다.

　프로바이오틱스는 항생제의 오남용으로 인한 부작용 없이 장내 유해균의 이상발효를 억제함으로써 안정된 장내 플로라(균총)를 유지하며, 이로써 유해균의 감염으로 인한 질병을 사전에 억제할 수 있고 암 예방에도 효과적인 것으로 나타났다.

04. 균들의 세력 확장

　균들도 자신들의 세계에서 세력을 확장하기 위한 치열한 생존경쟁을 벌인다. 균들의 전쟁은 유유상종, 즉 공생·공존하는 종끼리 모여 자신들의 언어인 화학물질로 신호전달(Quorum sensing)을 통해 대화를 하면서 숫자를 늘려 세력을 확장하여 현재 존재하는 장소를 장악하는 것이다. 일정한 숫자가 되기까지 기다렸다가 원하는 정족 수(그룹)가 형성되면 순간적으로 그 장소를 장악하여 확장되기 때문에 그들이 뿜어내는 특정한 활성물질의 향이나 맛이 나온다. 그곳이 된장이라면 된장 내에서, 간장이라면 간장 내에서, 김치라면 김치 내에서, 인간의 몸이라면 인간의 장내 등에서 그들의 세력을 구축하는 것이다.

　장내 건강이 좋지 않은 상태에서 불량한 음식을 먹으면 배가 아프고 배탈이 나는 것은 유해균이 힘을 얻어 장내를 장악한 것이며, 반대로 장내 건강이 좋아 불량한 음식을 먹어도 배가 아프지 않은 것은 유해균이 세력을 확장하지 못하고 유익균에 의해 장 밖으로 퇴출되었기 때문이다. 따라서 '유인균'이 증식되면 반드시 그만큼 인체의 해로운 균들은 줄어들게 된다.

　유인균이 인체에 투입되면 계속적인 증식으로 식구를 늘리며, 기존의 상주하는 균 중에서 유익한 균은 흡수하면서 일정한 기간이 되면 기존의 유해한 균을 일시에 몰아낸다. 이때 인체에서 독한 냄새를 가진 가스(방귀)가 분출되는데 일정기간(3~7일)이 지나면 악취가 나지 않는 수소가스가 나오기도 한다.

장내 유해균이 많을 때는 늘 독한 메탄류나 아민류의 가스냄새가 난다.

또 유인균은 인체에 이롭지도, 해롭지도 않은 중간자적인 균들을 유익한 방향으로 유인하여 좋은 균들의 증식을 돕는다. 유인균의 대표 균주인 바이셀라 코리엔시스 김치균과 바실러스 서브틸리스 청국장 균들은 인체에 해로운 균에 대한 강한 항균 활성을 갖는다.

청국장은 비만 방지 효능이 높은데, 그 이유는 바실러스 서브틸리스 균들이 다량 함유되어 있어 영양을 과잉 흡수시키는 비만 세균을 억제하기 때문이다.

(1) 미생물의 인체 상주 자치구역 설정

미생물들은 자기 생존을 위해 싸운다. 엄마의 뱃속에서 있는 동안 태아의 몸은 박테리아나 바이러스 같은 미생물이 기생하지 않는 무균상태를 유지한다.

그러나 태어나면서 산도에 있는 엄마의 락토바실러스 카제이 유인균 등이 피부에 코팅되고 코나 입으로 흡수된다.

이때 아이의 몸에 락토바실러스 같은 유산균 등의 유인균 미생물들이 정착하기 시작하는데 신기한 사실은 빈집이나 다름없는 각 기관에 거주할 미생물이 이미 내정돼 있다는 것이다.

즉, 장(腸)에 사는 박테리아는 주로 발효(醱酵)전문가들이고, 허파에 거주하는 박테리아는 끊임없이 들어오는 병균을 박멸시키는 전투능력을 가진 미생물 집단이다.

인체의 미생물들이 사는 자치구역을 세밀히 살펴보면 경이롭고 놀랍다. 허파는 약 6억 개의 허파꽈리로 구성돼 있는데 허파꽈리를 평면으로 펼쳤을 때 그 면적은 거의 배구 코트장만하다.(약 7억 5천만 개로 전부 펼치면 70m²로 약 21평에 달한다. 몸 표면(2~3m²)의 30배에 해당) 인체를 빈틈없이 사수하고 있는 박테리아 수는 헤아리기 불가능할 정도이다.

이같이 우리 몸에 기생하는 미생물들은 지역특성에 따라 기능이 다르며 미생물이 각자 자기지역에 완전히 정착하는 데는 유아 때부터 약 3년 정도가 소요된다. 이때 가족들의 미생물과 비슷해져 미생물에 의한 가족력도 형성된다.

성인의 경우 미생물의 무게만도 1.5~2kg에 이르고 그 종은 1만 종, 수는 100조로 분석되었으나 이는 특정 연구에 참여한 극히 일부분의 사람들의 경우일 뿐이다.

인류가 배양하여 분석한 미생물은 채 1%도 되지 않는다. 인체 박테리아는 유익한 유인균군과 유해한 유인균군들, 그리고 중간자적 균들로 나눌 수 있다. 인체의 호흡 시 공기 속에 스며들어 오는 세균은 거의 허파 표면에 기생하고 있는 유인균에 의해 박멸된다.

우리는 허파에 살고 있는 유인균이 병균으로부터 인체를 보호하고 있다고 믿지만, 사실 유인균들의 활동은 자기 생존을 위한 것, 즉 자기 영역을 사수하려는 행위일 뿐이다. 대부분 우리 몸에 기생하는 박테리아를 이로운 박테리아로 부르고 있으나 냉정히 보면 인체를 위해 헌신하는 박테리아는 하나도 없다. 단지 스스로를 위한 생존 활동이 뜻하지 않게 인체에 유익한 기능을 하게 되는 것뿐이다.

실제로 허파박테리아는 신체의 병사(兵士)인 백혈구의 접근도 허용하지 않고 사살하고 만다. 우리 신체 자체에도 병균과 싸우는 면역기관이 있지만 신체에 기생하고 있는 미생물의 도움을 많이 받는 것도 사실이

다. 1940년 초 페니실린이라는 항생제가 나오기 전까지 인간은 병균에 침투당해 질병을 앓게 되면 전적으로 인체의 면역기관과 공생하는 유인균 미생물에 의존하는 수밖에 없었다.

(2) 미생물 숙주인 인간의 통신 도청

유인균의 놀라운 '초능력'의 세계를 들여다보자.

유인균은 서로 언어 전달을 하며 인간 통신정보를 도청한다. 병균이나 미생물은 자기 자신을 복제해 차세대를 이어가는데, 증식이 빠른 것은 단 18분 만에 1억 배로 증식하는 것도 있으며, 상상하기 어려울 정도의 기하급수적 증식이므로 백혈구로서는 제압하기 어렵다. 하지만 페니실린 같은 항생제의 출현으로 병균의 수명은 불과 2시간 정도로 단명하게 되었다. 페니실린의 주원료인 푸른곰팡이 앞에서 여러 종류의 미생물이 자기 증식을 하지 못하고 소멸되어 수많은 인명을 구할 수 있었던 것이다.

병균을 포함한 모든 미생물은 지난 38억 년 동안 수많은 변화와 위협 속에서도 생존해왔다. 다시 말해 항생제를 무력화시키는 변신을 하게 된다는 것이다. 이를 항생제에 대한 '내성(耐性)'이라고 하는데 페니실린만 하더라도 이미 내성이 발생한 지 오래 되었다.

이렇게 항생제를 이기고 변신한 인체 박테리아나 병균을 슈퍼버그(Superbug)라 하는데 현재로서는 이를 퇴치할 아무런 기술이 없다. 최근 들어 가축이나 농작물에 항생제를 남용해 내성이 생긴 슈퍼버그가 식탁에까지 올라오고 있다. 현재 미국에서 슈퍼버그로 사망하는 환자 수는 에이즈로 인해 죽어가는 환자보다 많다.

또한 미생물이 자기 영역에 알맞게 어떻게 번식을 조절하는지, 즉 서로의 통신언어(Quorum Sensing)와 항생제에 대한 내성(Resistant)을 키우기 위한 미생물의 변신을 연구한 결과 미생물들이 아주 미세한 화학 분자로 서로 언어를 전달하고 있다는 사실을 밝혀냈다. 뿐만 아니라 자기가 살고 있는 생명체가 통신하는 정보를 가로채 이해하고 있다는 놀

라운 사실도 드러났다. 미생물이 더 이상 단순한 기계적 생명체가 아님이 밝혀진 이 연구 결과는 영국의 미생물학자 Steve Atkinson & Paul Williams에 의해 발표되었다.

병원성 미생물은 사람의 체내에 감염되었을 때 무작정 독소를 만들어 공격하지 않는다. 적어도 자신들이 가진 화학무기, 즉 독소의 함량이 충분히 숙주에게 해를 입힐 수 있다고 판단될 때에야 비로소 공격을 시작하는 것이다. 사람들이 전쟁할 때와 같이 미생물도 고도의 전술을 구사하는 것이다. 자기편 숫자가 상대방보다 적을 때 공격하게 되면 파괴력이 적어서 제대로 공격도 하지 못할 뿐 아니라 오히려 숙주의 면역과 같은 강력한 방어무기의 역공을 받게 되어 자멸한다는 것을 아는 것이다. 숫자가 충분히 많아져 이길 수 있을 때까지 화학언어를 사용하여 수십 억 미생물들에게 동시에 명령을 전달함으로써 일제히 공격을 하는 것이다.

또한, 미생물끼리 전쟁을 할 때는 공용 언어로 사용하는 화학물질을 자신이 많이 흡수하여 다른 미생물들이 자기의 숫자를 파악하지 못하도록 정보전을 펼치기도 한다고 보고되고 있다. 충분한 숫자로 불어난 미생물들은 화학언어로 방송을 한다. 그러면 수십 억의 미생물들이 방송을 듣고 잠자고 있던 자신의 유전자 공장을 일깨워서 대량으로 독소를 생산하는데, 이때 혹시 잘못된 방송을 듣고 실수할 위험에 대비하기 위해 방송된 화학언어가 자신들이 행동해야 하는 명령인지를 면밀히 확인한다.

자물쇠와 열쇠 같은 체계를 사용하여 확인한 후에야 비로소 독소 생산 공장을 가동하는 신중함을 보이는 것이다. 수십 억 마리의 병사에게 동시에 명령을 전달하고 행동하는 미생물은 진정 무서운 군대라고 할 수 있겠다.

05. 글리코 영양소

유인균의 중요성은 당을 분해하여 글리코오스 영양소로 발효 전환하는 작용에 있다. 글리코 영양소는 글리코오스, 갈락토스, 만노스, 퓨코스, 자일로오스, N-아세틸 글리코사민, N-아세틸 갈락토사민, N-아세틸 뉴라민산 등 다양하며, 설탕과 과일이나 채소, 산야초 등과 유인균을 혼합하여 발효하면 글리코 영양소로 전환된다.

최근 Science, Nature 등의 잡지는 물론 미국 NBC 방송에서도 글리코 영양소가 소개되고 있는데, 특히 미국 MIT 공대에서는 향후 인류문화를 이끌어 나갈 10대 기술 중 하나로 '글리코믹스'를 채택했다.

한국의과학연구원은 한국생명공학연구원 BVC 센터 내에 있는 연구소로 글리코 영양소를 쉽게 전환 획득하는 미생물 기술 기반 데이터베이스를 구축하는 연구를 수행하고 있다. 당 섭취가 매우 높은 현대인들에게 당을 분해할 수 있는 장내 유익성 인체균의 비율이 높은 상태를 유지하는 것은 매우 중요한 문제이기 때문이다.

우리 몸에는 확실히 파악할 수 없는 다수의 미생물이 있으나 그 대부분은 기회를 엿보는 성질이 있어서, 세력이 강한 우두머리격의 소생형 또는 붕괴형 유인균 미생물의 경향을 따라간다. 인간의 장 내부에도 4,000여 종류 이상의 미생물이 100조나 있으며, 무게는 2kg이나 되는데, 항상 세력투쟁을 하고 있는 것은 발효 유인균과 부패 유인균으로 구분되며, 나머지 몇 조나 되는 균들은 모두 기회를 엿보는 세균들이다.

소생형이 될지 붕괴형이 될지는 얼마 안 되는 우두머리격 미생물이 공존 공생력으로 뭉쳐 유해성으로 이끌어 유인하는 "유해 유인균" 또는 유익성으로 이끌어 유인하는 "유익 유인균"들이 장악하고 있는데, 세력 투쟁을 전개하여 유해균이든 유익균이든 어느 쪽인가가 이기면 기회를 엿보던 몇 조나 되는 기회주의 미생물들은 승자가 하는 대로 따라간다.

따라서 유익성 발효 우두머리격의 소생형 유인균을 먹으면 대체로 뱃속 상태가 유익성으로 유지되도록 되어 있어 우리가 4,000여 종, 100조 나 되는 균들 하나하나에 신경 쓸 필요는 전혀 없다.

소생형 유인균 미생물의 대표적인 미생물에게 좋은 환경조건을 부여해서 번식시켜 주면 그 방향성에 다른 균들도 모두 따라오는 성질을 가지고 있기 때문이다.

(1) 인체 내에서 글리코 영양소의 작용

장내 유익성 세균들의 세력은 섭취한 당을 분해하여 인체 세포가 절대적으로 필요한 글리코 영양소를 만들어 준다. 유해성 균들이 많으면 당을 부패시켜 당 독소로 전환하고 인체는 당을 분해하기 위하여 뼈의 미네랄을 녹여 사용하기 때문에 질병의 위험이 높아진다.

글리코 영양소는 세포 간의 대화와 면역기능을 증진시킨다. 설탕과 매실을 반씩 넣어서 만드는 매실발효액에 유익성 유인균 미생물을 넣어주면 이당류의 설탕과 매실 영양분이 유익성 유인균 미생물들의 발효전환 작용으로 인해 글리코 영양소로 전환된다. 또한 매실 과육과 매실 씨앗의 독소인 시안배당체 역시 분해되어 사라진다. 미생물을 넣지 않는다면 매실설탕절임이겠지만, 미생물을 넣고 매실과 설탕을 2 : 1의 비율로 하여 발효한 것은 글리코 영양소 매실발효액이 되어 건강에 매우 유익하다.

식료와 설탕 또는 원당(미가공 설탕)을 넣고 **유인균**을 **종균**해서 발효하면 미생물들이 이당류의 설탕을 분해하여 단당영양소 글리코 당분자로 바꿔준다. 수많은 글리코 당분자들은 각기 다른 방법으로 결합될 수 있는 구조로 구성되어 인체의 건강 유지를 위하여 필요한 정보를 전달하는 대사물질을 만든다. 당단백질은 당과 단백질의 화합체이고, 당지질은 당과 지방의 화합물로서 일반적으로 '당접합체(글리코폼)'라고 한다.

세포 표면과 혈액 내의 당접합체는 복잡한 각종 기능을 신체가 수행할 수 있게 세포의 인식과정을 담당한다. 하나의 세포 표면의 당 접합체는 다른 세포의 수용체와 결합하는데 이를 통하여 다른 세포와 교신할 수 있게 된다. 발효를 할 때 식재와 설탕, 유인균을 넣어서 발효하면 이당류의 설탕을 가수분해하여 단당영양소 글리코 영양소가 만들어지고 퓨코스, 갈락토스, 만노스, 글루코사민, N-아세틸갈락토스아민 등 글리고 낭늘은 종양세포의 증식 및 전이를 억제한다. 이들은 자연살해세포의 활성화를 촉진하고 종양세포가 정상세포를 잠식하는 것을 방해하여 암이 다른 세포로 전이되는 것을 억제한다.

건강한 면역계는 면역글로블린과 단백질 면역세포의 적절한 글리코실화에 달려 있다. 혈관벽 세포와 면역세포 표면의 글리코 영양소 글리코 당은 면역세포가 전염성 세균을 죽일 수 있도록 혈류를 떠나 손상 또는 감염된 조직에 접근할 위치를 지시하는 중요한 세포 간 커뮤니케이션의 신호체계이다.

만노스와 갈락토스, 다당류들은 면역반응과 염증을 조절하는 각종 생체 활성물질의 분비를 조절하면서 대식세포를 활성화하고 상처를 치유하며 세균과 잔여 세포 제거작용을 한다.

대식세포가 염증 부위의 죽은 혈액세포와 잔여 세포를 제거할 때는 세포 표면의 글리코 당에 의하여 죽은 세포를 인식한다. 혈액 단백질의 글리코 당은 림프구가 조직의 염증이 일어나는 혈관 벽에 세포가 접착되지 않게 한다.

퓨코스 당은 알레르기 접촉성 피부염의 피부반응을 억제하고 글리코스, N-아세틸글리코스아민의 대사 관련 물질은 골관절염 환자의 통증을 감소시키고 관절운동을 개선한다. 퓨코스 당의 혈중 농도 감소에 따라 류머티즘성 관절염 환자의 질병의 정도가 달라진다. 면역계에 작용하는 글리코 영양의 효능은 세포의 생존과 치유, 회복에 중요한 역할을 수행하고 면역세포들의 기능 강화와 천식에 긍정적 효과를 준다.

또, 류머티즘 관절염에 긍정적 효과와 홍반성 루푸스, 치주질환, 구강염, 단순포진, 알레르기 접촉성 피부반응 억제, 기관지 알레르기 반응 억제, 관절염 예방, 골관절염 환자의 통증 감소와 치매를 예방한다. 글리코 당은 혈중 포도당과 인슐린 의존형(제2형) 당뇨환자의 근막통을 감소시키고, 탄수화물 결핍성 당단백증후군을 효과적으로 치료하며, 혈중 당

수치 및 인슐린 분비 조절에 중요한 역할을 한다. 당뇨와 신부전으로 인한 백내장 발생 예방 및 당뇨병 치료에도 도움이 된다.

글리코 영양소는 신체의 독소를 배출하는 해독작용과 세포에 있는 환경호르몬을 펌프작용으로 배출한다. 또한 만노스와 글리코사민 등은 유해성 세균, 바이러스, 곰팡이 등을 파괴하고 유익성 발효 유인균의 증식을 돕는다. 식료와 설탕, 미생물을 접종하여야만 이당류의 설탕과 효소 재료(식료)가 발효되어 글리코 당이 만들어지며 이 발효액을 마시면 세포 수용체에 있는 글리코 당의 공급이 원활해지고 이 당은 세균과 바이러스를 식별하고 시알산과 퓨코스, 만노스 등은 세균이나 바이러스 등이 세포에 접착하는 것을 방지한다.

대식세포를 자극하여 항독소인 인터페론을 분비함으로써 바이러스를 억제하며 체세포의 유해성 미생물 흡수 및 파괴능력을 향상시킨다. 흡입으로 기도, 점막 등에 침입한 세균이나 바이러스의 활동을 억제하여 폐질환 등의 예방에도 도움을 주는 영양소이다.

이러한 글리코 영양소의 합성은 장내 유익한 세균들에 의하여 이루어지는데, 장내 유익한 세균의 밸런스는 건강에 매우 중요하므로 장내 유익형 세균 균형을 위한 식습관이 중요하다. 전통발효음식은 발효될 때 발효성 유인균과 부패성 유인균이 함께 작용하는데 발효성으로 진행되도록 유인하는 유인균 접종으로 발효한 발효음식과 신선한 요구르트 효모 베타글루칸 유산균 클로렐라 같은 미생물을 섭취하면 이런 균들과 균사체(균의 시체)들이 장내 유익형 세균 밸런스에 도움이 된다.

설탕과 식료를 혼합하고 미생물을 넣지 않으면 그냥 설탕절임이 되고, 미생물을 접종하면 단당영양소인 글리코 영양소가 된다. 미생물을 종균해서 발효하면 설탕이 좋은 영양소가 되지만, 미생물을 넣지 않은 것은 설탕물에 불과하다. 인체 내에서도 부패소화냐 발효소화냐를 결정하는 것은 장내 세균 유형에 따라 좌우된다. 발효음식은 유산균의 최고 먹이원이며 유산균을 먹을 때 발효음식을 같이 먹으면 유산균 효과가 배가 된다.

현대인들은 주로 포도당과 갈락토스 두 가지 당류를 섭취하고 있다. 글리코 영양소 8가지가 모든 식물에 들어 있다고 할 수 없지만 한두 가지라도 들어 있는 것을 골고루 먹게 되면 도움이 되는 것은 분명하다.

(2) 다양한 당류를 함유한 식료의 예

모유, 알로에베라, 특정 버섯류(광대버섯, 말불버섯, 살구버섯, 그물버섯, 표고버섯, 애느타리버섯), 에크나시아(국화과의 다년생 허브식물), 자운영, 효모, 옥수수, 식물의 수액, 껍질들, 과일의 펙틴(사과, 호박, 오렌지 등), 마늘, 코코넛, 특정 허브, 점액질, 씨앗, 과일, 야채 및 곡류 등 글리코 영양소 8가지 중 한두 가지 이상의 영양소가 계속 부족하게 되면 어떤 만성질병이 있는 상태라고 할 수 있다. 다시 말하면, 만성질병이 있는 사람이 글리코 영양소를 계속 섭취하면 인체세포가 원래의 자연치유력을 되찾게 되므로 질병에서 벗어날 수 있다고 한다.

(3) 8가지 글리코 영양소의 효능

8가지 당류(탄수화물)로는 글리코스(Glucose), 갈락토스(Galactose), 만노스(Mannose), 퓨코스(Fucose), 자일로스(Xylose), N-아세틸글리코사민(GluNAc), N-아세틸갈락토사민(GalNAc), N-아세틸뉴라민산(NANA)이 있다.

① 글리코스(Glucose)

글리코스, 즉 포도당은 가장 흔한 필수 당이다. 설탕은 포도당과 과당으로 되어 있는 슈크로스라는 당이다. 쌀, 빵, 야채류, 과일, 아이스크림, 사탕, 과자, 각종 음식에 골고루 들어 있는 것이 포도당이다. 혈류 속으로 빨리 유인되어 중요하고 강한 에너지원이 되고 세포 내에서 다른 당질 영양소들로 전환된다. 이 당이 모자라서 생기는 병은 거의 없으며, 오히려 다른 필수 당들과의 균형이 깨질 정도로 포도당의 섭취가 과다히다. 포도당은 산소와 함께 각 세포에서 만들어지는 에너지의 원료로 쓰이므로 기운을 내는 데 큰 도움이 된다. 칼슘의 흡수를 도와주며, 기억력 증진에 도움이 되고 세포 간의 언어로도 쓰인다. 그러나 포도당이 과하게 되면 인슐린이 분비되어 포도당을 처리하게 되며, 과다섭취하면 비만과 당뇨병을 유발하게 되고 너무 적게 섭취하면 저혈당이 될 수도 있다. 알츠하이머, 치매, 우울증, 식욕항진, 식욕부진 및 조울증 등이 있을 때 포도당 대사에 문제가 발생한다.

② 갈락토스(Galactose)

우유에 많이 들어 있고 우유(Lactose)의 유당을 소화 분해함으로써 섭취할 수 있으며, 포도당과 함께 유당에 포함되어 있다. 실험에 의하면 각종 암의 성장과 전이를 억제하며, 염증과 상처의 치유, 칼슘 흡수를 돕고 인슐린의 분비를 자극하고 세포 간의 연락 기능도 한다. 동물실험 증명에 의하면 갈락토스는 외부 방사선으로부터 세포조직을 보호하며 백내장을 방지한다. 류머티즘성 관절염이나 루프스로 인한 관절염이 있는 사람들에게서 갈락토스가 낮아져 있고 기억력 향상에 도움이 된다는 연구 결과가 있다.

③ **만노스**(Mannose)

만노스는 세포 간의 상호작용, 의사소통과 세포 치유, 세포의 조직을 새롭게 만드는 데 절대적으로 필요한 당분이며 또한 세포의 소통언어로 쓰이고 있다. 만노스가 많이 들어 있는 알로에베라를 섭취하면 세포 간의 연락이 잘 이루어지게 되며 또한 무너진 세포의 치유를 도와준다. 만노스는 암의 성장과 전이를 막아주고 세균, 바이러스, 곰팡이 그리고 기생충의 감염을 막아주는 역할을 한다. 사이토카인의 생성을 돕기도 하는데, 사이토카인은 질병의 치유를 위해 각종 외부 또는 내부로부터의 침입자들과 싸울 때 통증을 일으키는 성분이다. 류머티즘성 관절염 완화에 도움이 되며, 자가면역질환을 돕는 역할도 한다. 또한 당뇨병의 혈당 강하와 혈중 중성지방을 낮추어 준다.

④ **퓨코스**(Fucose)

퓨코스는 모유에 많이 들어 있고 특정 종류의 버섯에도 들어 있다. 뇌의 발달에 도움을 주고 기억력을 증진시킨다. 만노스와 같이 세포 간 의사소통의 언어로도 쓰이며 면역계 조정에도 관여한다. 면역력을 증가시켜 암의 성장과 전이를 억제하고 호흡기계 감염의 예방, 각종 알레르기에도 효과가 있다. 또한 퓨코스는 기관지염을 일으키는 바이러스나 세균에 감염되었을 때 치료 효과가 있다. 높은 농도의 퓨코스가 신장과 고환의 신경에 분포되어 있는 것으로 보아 이들 기관의 작용에 도움을 주는 것으로 보인다. 당뇨병, 낭포성 섬유증(cystic fibrosis), 바이러스에 의해 발생하는 대상포진의 경우 퓨코스의 대사에 이상이 오게 되므로, 이때 퓨코스를 사용하면 효과를 볼 수 있다.

⑤ 자일로스(Xylose)

세포 간의 의사교환을 조장하고, 항세균·항진균작용 등을 하며, 세균과 바이러스를 억제시킨다. 연구에 의하면, 자일로스는 소화기 계통의 암 예방과 발생을 억제하는데, 장염 등 소화기 계통의 질환이 있을 때는 자일로스의 흡수가 억제된다고 한다. 자일로스의 단맛은 설탕에 버금가므로 당을 필요로 하는 질환과 충치, 잇몸병 등을 예방하는 데 도움이 된다.

⑥ 엔 아세틸 글리코사민(N-Acetyl Glucosamine)

면역성 조절, 암 발생과 진행 억제, 항바이러스 작용, 학습능력 촉진 등을 한다. 면역조정자로서 면역결핍 바이러스(HIV)에 대한 항바이러스 작용을 하며, 글리코사민은 엔 아세틸 글리코사민의 대사산물로서 관절의 연골 재생과 골 관절염의 통증, 염증 완화 등에 도움을 준다.

글리코사민은 GAG(glycosaminoglycan)라는 점막보호물질을 만드는 데 도움을 주는데 만약 GAG가 모자라면 크론씨 병(Crohn's disease)과 궤양성 장염 등 각종 장 질환은 물론 방광질환인 간질성 방광염(Interstitial cystitis) 등이 발생할 수도 있다.

⑦ **엔 아세틸 갈락토사민**(N-Acetyl Galactosamine)

음식에서 얻기 어렵다. 세포 간의 의사전달을 명확하고 신속하게 하는 역할을 하는 소통 언어로 사용하며, 종양의 성장과 확산, 전이를 억제하고 심장병 환자들에게서 이 당의 농도가 낮아져 있음이 관찰되었다. 극소량의 영양소라도 결핍 시에는 치명적인 증상이 나타날 수 있다.

⑧ **엔 아세틸 뉴라믹 산**(N-Acetyl Neuramicnic acid)

뇌의 발전에 절대적으로 필요한 당이다. 특히 모유에 많이 들어 있어서 신생아의 뇌발육과 밀접한 관계를 갖고 있다. 기억력과 뇌 기능 발휘에 필요한 것으로 관찰되고 있어 중추신경계의 정상적 발달과 학습능력의 획득에 중요하다. 면역기능의 중요한 부분인 점액을 부드럽게 만들어 각종 세균, 바이러스와 다른 병균들을 물리치는 데 크게 작용한다. 이 당은 다른 어떤 항바이러스제보다 더 강력하다고 보고되고 있으며, 혈액 응고를 조절하고 뇌의 발달 및 콜레스테롤 수치를 조절해 주는데, 특히 나쁜 콜레스테롤로 분류되는 LDL을 낮추어 준다. 입 안의 점막을 마르게 하고 침을 마르게 하는 쇼그렌(Sjogren) 증후군과 알코올 중독자들에게서 이 당의 처리가 제대로 이루어지지 않고 있음이 관찰되었다.

06. 장내 비만세균 연구

장내 세균의 종류에 따라 비만이 결정된다는 연구결과가 있었다. 미국 워싱턴대학교 제프리 고든 박사 연구팀이 네이처지에 발표한 논문에 따르면, 장내 세균의 종류는 크게 페르미쿠테스균과 박테로이데테스균으로 나뉘는데, 정상체중인 사람들은 페르미쿠테스균이 30% 정도를 차지하고, 과체중이나 비만이 있는 사람은 페르미쿠테스균이 90%나 되었다. 다시 말해 "페르미쿠테스균은 음식을 잘게 분해해 소장에서 잘 흡수되게 만들고 당이나 지방산으로 더 많이 바꾸기 때문에 비만을 유발할 수 있다."는 것이다. 따라서 비만치료를 위해 비만세균을 억제하는 균을 대량 배양하여 섭취하면 유인균의 길항작용에 의하여 장내 비만세균 억제 및 제거에 도움이 된다는 것이다.

 유익균을 통해 식생활 패턴을 바꾸면 장내 세균의 비율도 바꿀 수 있다. 고든 박사의 연구에서 비만 환자들에게 1년 동안 저지방, 저탄수화물 식사를 하도록 하자 페르미쿠테스균이 73%까지 떨어지고 박테로이데테스균은 15%로 늘었다. 때문에 섬유질이 적은 음식을 먹으면 당과 지방의 흡수력이 좋아 비만을 부르는 페르미쿠테스균이 많아지고 반대로 섬유질이 높은 음식을 먹으면 비만을 막아주는 박테로이데테스균이 많아지므로 섬유질이 많은 음식을 먹는 것이 비만예방에 도움이 될 수 있다는 것이다.

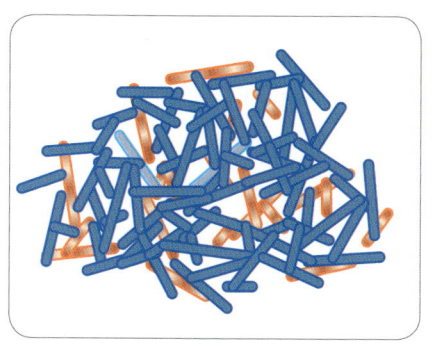
저지방, 높은 다당류의 균

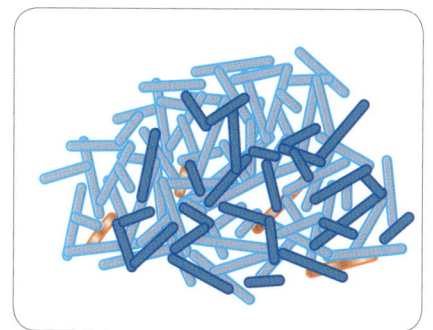
고지방, 높은 설탕의 균

　이와 관련하여 중국 상하이 자오퉁대학 연구팀에서는 같은 양을 먹어도 살을 더 많이 찌게 하는 비만 세균을 밝혀내었는데, 비만세균의 정체는 엔테로박터와 메타노브레비박터 스미시(=메탄세균)이다. 엔테로박터는 장 내에서 신진대사를 방해해 몸속에 지방이 쌓이도록 유도하고, 메타노브레비박터 스미시는 소화활동을 조절하는 수소를 잡아먹어 과도한 소화와 영양소의 과다 섭취를 유발하여 비만에 관계한다는 것이다. 연구팀은 전체 인구의 20~30%가 이 세균의 영향으로 살이 찌는 것으로 추정되며 "비만 세균만 제거해도 비만 예방에 도움이 될 것"이라고 하였다. 장 내에 유인균이 높은 상태가 지속되면, 비만세균인 메타노브레비박터 스미시 세균과 엔테로박터 세균들을 억제하여 많이 먹어도 살이 잘 찌지 않게 되는 것이다.

　된장이 유인균을 만나면 된장 1g당 유산균 수가 700만 마리까지 증식하고, 청국장은 100억 마리, 간장·고추장은 1~10억 마리까지 증식되는 것으로 조사되었다. 청국장이나 된장의 유인균은 비만을 유발하는 균들을 억제한다. 특히 유인균들의 활성물질인 프로바이오틱스가 유익균의 훌륭한 먹이원이 되어 장내 환경 개선에 더욱 유리하며, 장내 플로라를 형성하여 건강한 장의 복원에 도움이 된다.

07. 박테리오신

인체에 존재하는 유익한 균들과 유해한 균제들의 영양분에 대한 경쟁은 전쟁을 방불케 한다. 장내 유인균은 자신의 생존을 걸고 유해균과 싸우는 치열한 생존전쟁을 벌이는데, 유해한 박테리아를 제거하고 영양분을 차지하여 자신들의 영역을 넓히기 위해 특별한 물질을 뿜어낸다.

이것이 균들의 대사물질인 "박테리오신"이다. 이 물질들은 천연 항균성 단백질로서 유인균의 박테리오신은 유해균의 성장을 억제하고, 젖산을 만들어 유해균이 살 수 없는 산성 환경을 만든다. 항산화작용이 강하여 노화를 억제하며 종양바이러스의 감염 및 유전적 종양바이러스의 활성을 억제하는 강력한 항암물질로서 면역조율기능도 한다.

유인균 내의 유산균(젖산균)은 탄수화물을 혐기적으로 이용하여 젖산을 생산하며 식품의 저장성을 향상시키고 발효식품의 맛과 향, 식료의

조직을 개선한다. 발효식품을 통하여 섭취된 유인균은 장내 상피세포에 착상하여 중성 및 알칼리성에서 잘 생육하는 미생물에 대하여 살균작용을 가지며 유해균에 대한 강한 항균활성을 나타내어 유해한 미생물을 저해하고 인체의 길항작용, 면역력의 증진, 암 발생률의 감소, 발암 원인성 효소 발생 감소 등 인체에 이로운 작용을 한다.

08. 장의 독소와 간기능

우리 몸은 음식을 섭취하면 위와 췌장, 소장에서 소화 효소를 이용해 음식물을 분해한 후 당질, 아미노산, 비타민, 무기질, 미네랄 등을 흡수한다. 이때 소화 효소에 의해 분해되지 않는 영양소나 미처 흡수되지 못한 영양소들은 소장과 대장에 존재하는 미생물들이 이용하게 되는데, 장내 미생물들이 이 영양소들을 섭취해 증식하고 미생물들이 내놓는 배설물은 다시 장 속으로 배출된다.

이 중에는 초산 같은 유기산, 각종 비타민, 아미노산, 암모니아, 이산화탄소 외 여러 가지 물질들이 있다. 이때 미생물의 배설물, 활성물질 중 많은 부분이 소장과 대장벽을 통해 흡수되어 혈관으로 들어가 장내 정맥 혈류를 타고서 간문맥을 통해 간으로 들어간다.

장내 환경이 나빠 유해균으로 점령된 경우 부패 가스인 독극물은 고약한 냄새를 풍기는 방귀로 배출되지만, 배출되지 못한 가스는 장벽의 혈관 속으로 유입되어 결국 간문맥을 통해 간으로 흘러들어 간다. 간은 이 유독 가스를 효소로 해독하여 정화하지만, 양이 많아지면 해독에 수많은 효소와 에너지를 소비하게 되고 정화를 위해 다량 사용한 효소 소비로 인해 지친 상태가 된다. 이런 과정이 반복되면 어느 순간 간 기능이 상실되고 간염 바이러스의 온상이 되어 독가스를 해독하지 못한 독혈(나쁜 피)이 하대정맥을 타고 심장을 손상시키고 뇌에까지 피해를 입힌다.

 따라서 유용한 인체의 균인 유인균을 적극적으로 사용하여 인체에 이 균의 수를 늘리려는 노력은 매우 중요하다. 인체는 외부의 공해와 먹을거리를 통해 각종 화학성분들의 공격을 끝없이 받고 있다. 각종 조미료와 보존료, 색소, 방부제 및 첨가제 등이 포함된 음식들은 유익한 균들을 죽이고 억제하며, 각종 항생제로 키워지는 농축수산물들 역시 우리의 건강을 지키는 유익한 균들의 숫자를 줄이고 있다.

 장내 유인균의 분포도가 높으면 우리가 섭취한 음식을 잘 분해하여 생체에 이용되도록 하는 소화작용과 유해균들을 억제하고 유해균들이 만들어내는 독성물질 및 독소를 제거하고 해독하는 기능이 활성화된다.

 전통적인 방법으로 잘 발효된 발효식품 속에는 유익한 인체의 미생물들인 유인균들이 포함되어 있다. 이런 발효식품을 많이 먹는 것은 인체의 유인균의 비율을 높이는 데 큰 도움이 된다.

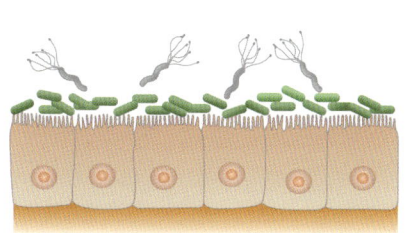

장내 상피세포의 유인균과 유해균
장내 상피세포에 군집을 이루어
유해균의 침입을 막고 있는 유인균들

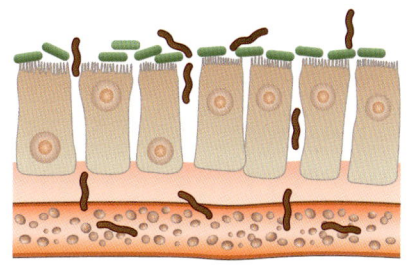

병든 장내 상피세포와 혈관 내 세균감염
병든 세포로 인해 세포 구조가 느슨해지고
장내 유인균이 줄어들어 방어력이
약해진 틈 사이로 혈관으로 침입하는 유해균

인간과 체내 미생물은 하나의 유기체일수도

인체 안팎에 살고 있는 미생물 전체의 유전자 정보를 해독한 지도, 즉 데이터베이스가 2012. 6. 14일 발표되었다. 미국국립보건원이 1억 7,300만 달러(약 2,000억 원)를 들여 5년간 진행한 '인체 미생물 군집 프로젝트(Human Microbiome Project)'의 성과다.

미생물이 인간의 생존과 건강에 결정적 역할을 한다는 것은 근래에 밝혀지기 시작한 사실이다. "인간은 스스로가 먹는 음식을 소화하는 데 필요한 효소를 모두 가지고 있지 않다." 이번 프로젝트의 매니저인 국립보건원 소속 리타 프로토 박사의 설명이다. 장내 미생물이 음식 중 단백질, 지질, 탄수화물 중 많은 부분을 분해한 다음에야 인체는 이들 영양소를 흡수할 수 있다. 연구에 따르면 우리의 척추동물 선조는 약 4억 5천만 년 전 대장 미생물을 처음 몸속으로 끌어들였다.

박테리아의 효소를 이용하면 좀 더 다양한 종류의 먹을거리로부터 더 많은 에너지를 얻을 수 있기 때문이다. 또한 미생물은 비타민과 장내 염증을 억제하는 화합물 등 인간이 생산하지 못하는 유익한 물질을 만들어낸다. 과민성 대장증후군에서 천식, 크론병, 류머티즘성 관절염, 심지어 비만까지도 체내 미생물 분포와 관계가 깊다. 이를 두고 인간은 바다 산호와 마찬가지로 다양한 생물체의 군집이라는 이론, 인간과 체내에 미생물을 합쳐 하나의 초유기체로 보아야 한다는 이론까지 나와 있는 상태다.

— 코메디닷컴, 2012년 6월 21일자, 조현욱 기자

09. 미생물 발효분말 속의 유인균들

장내에는 주로 '락토바실러스균(Lactoacillus)'과 '비피더스균(Bifidus)'이 있다. 락토바실러스균은 주로 소장에서 역할을 하는데 'Lactoacillus'는 우유의 유당을 뜻하는 'Lacto'와 막대모양이라는 'Bacillus'의 합성어로 면역과 항균물질 형성, 장내 세균구성 정상화, 유해균 생성 억제 등의 효능이 있다. 흔히 비피더스균으로 불리는 비피도박테리움은 주로 대장에서 역할을 하는 균으로 유해 대장균 증식 억제, 장운동과 배변활동 강화 등에 효능이 있다.

(1) 유인균 12종

① 바이셀라 코리엔시스(Weissella koreensis BSS10)

한국의 김치에서 주로 발견되는 젖산균이며 김치를 먹는 한국인이라면 쉽게 접할 수 있다. 조류 인플루엔자(AI) 및 항암(위암) 억제효과가 알려지면서 관심을 많이 받는 스타 균주이다.

김치를 담근 지 한 달쯤 되면 위암세포를 죽이는 김치 유산균인 바이셀라 코리엔시스가 가장 왕성하게 증식한다. 또한 김치와 미네랄이 풍부한 천일염에서 항비만 효과를 가진 유산균이 발견되기도 한다.

② 락토바실루스 살리바리우스(Lactobacillus salivarius SW709)

된장에서 발견된 유산균으로 사포닌 분해능력을 가지고 있다. 특히 과민성 대장증후군을 앓고 있는 사람들의 증상완화에 도움이 되는 것으로 알려져 있으며, 또한 위장관에 살고 있는 병원성 세균의 억제하는 특성과 소장세균의 과증식을 억제한다.

③ 락토바실루스 브레비스(Lactobacillus brevis BSS04)

젖산과 초산, 에탄올, 탄산가스 등을 생성하는 젖산균의 일종이며, 김치나 치즈의 발효 후반에 많이 증식하는 유인균으로 위산과 담즙에 다른 균보다 비교적 강한 특징을 보인다. 항염증작용이 탁월하여 잇몸병, 베체트병, 헬리코박터 파일로리로 인한 위의 염증 완화에 효과가 있으며, 면역력 강화에도 도움을 준다.

④ 락토바실루스 카제이(Lactobacillus casei BSS05)

인체의 입이나 장에서 발견되는 균이며, 탄수화물 분해효소인 아밀라아제(amylase)를 생산하고 산이나 열에 강해 소화액에 의해 사멸되지 않고 소장까지 가서 균총을 정상화시키고 유당 불내증을 줄여주며 정장작용 및 소화작용을 돕는 매우 유익한 균이다. 최근에는 위궤양, 위염, 위암을 일으키는 헬리코박터 파일로리의 성장을 저해하며 대장 내의 미생물 균총의 균형에 도움을 주는 것으로 보고되고 있다. 구강의 병원성 세균 감소와 구취 억제에 도움이 되며 크론병, 류머티즘 관절염의 예방, 치료에 도움을 준다. 치즈 숙성에 있어 매우 유익하며, 락토바실루스 아시도필루스의 성장에 도움을 준다.

⑤ 락토바실러스 플란타룸(Lactobacillus plantarum HS729)

우리나라 김치의 유산발효를 주도하는 균으로 항균물질을 생성해 유해균을 억제하고 면역기능을 조절한다. 영양원, 비타민, 항산화물질을 보호하고 특히 장내 독소제거능력이 뛰어나며, 다른 균들에 비해 산과 담즙에 의해 덜 파괴된다. 김치, 피클, 일부 치즈에서 발견되며 일반적으로 침치로부터 분리된 젖산균으로 병원성 균에 대한 항균 및 이들 균의 성장을 저해, 파괴하는 활성균이며 영양원, 비타민 등 항산화물질을 보호하는 역할을 하는 주요 유인균이다.

🌿 김치의 온도에 따라 활동하는 유인균 종

김치 내에는 약 30여 종의 다양한 유산균이 있다고 보고되어 있는데 김치의 발효, 숙성, 온도에 따라 생육하는 균의 종류는 다르다. 김치의 발효 초기에는 류코노스톡 메센테로이데스가 자라고 후기에는 내산성이 간한 유산간균 락토바실러스 플란타룸과 락토바실러스 브레비스가 자란다. 10°C에서 Luconostos citrreum, 8°C에서 Lactobacillus sakei, 4°C에서 Weissella Koreensis가 주균이 된다. 바실러스 사케이는 8°C에서 잘 증식할 수 있으나 박테리오신 sakasin, GABA, exopolysaccharides(세포외 다당류)의 생성을 고려한다면 섭씨 30°C에서 72시간 발효시키는 것이 적합하다.

김장김치는 보통 섭씨 15°C 이하의 온도에서 발효시키는 것이 전통적이지만 온도를 올리면 락토바실러스 사케이 균들이 우점종이 되어 가장 맛있는 김치의 식감을 유지할 수 있다.

⑥ 락토바실러스 사케이(Lactobacillus sakei MG521)

한국의 전통 김치에서 분리한 신균주로서 타임지가 선정한 세계 5대 건강식품 중 하나인 김치의 발효과정에서 중요한 역할을 담당하는 젖산균이다. 이 젖산균은 여러 가지 당을 이용하여 최종 부산물로 젖산과 초산을 생성한다. 식초균 중에서 락토바실러스 사케이 균주가 가장 맛있는 식감의 식초를 만들 수 있는 것으로 평가되고 있다. 특히 중요한 역할은 이산화탄소가 생성되지 않으며 아질산염과 상온에서 반응하여 대장암을 유발하는 니트로스아민(발암추정물질)을 분해하여 제거하는 효능을 갖고 있다. 면역과민반응에 의한 피부개선에도 도움을 줄 수 있는 것으로 입증되었다.

락토바실러스 사케이는 식물성 유산균이기 때문에 장까지의 생존율이 높아 장이 긴 한국 사람에게 매우 적합하다. 김치를 맛있게 발효시킬 때 우점종이며 저온에서 번식할 수 있는 특수한 성질을 가지고 있다. 또한 최고의 맛과 항산화 능력을 가진 전통발효식초를 만들 수 있으며, 이 식초는 비만 예방이나 관리에 매우 효과적이다.

⑦ 류코노스톡 시트레움(Leuconostoc citreum BSS07)

발효한 김장김치 속에서 발견되는 류코노스톡 시트레움은 생물학적 변이를 일으키며 베로톡신 등의 치명적인 독소를 지닌 장출혈성 대장균(O-157)의 증식을 강력하게 억제하는 효과가 있어 바이러스 억제와 비만 예방, 면역력 향상, 변비 개선 등에 도움이 된다. 류코노스톡 시트레움을 첨가하여 김장김치를 담게 되면 김치의 맛이 깊어지는 것은 물론이며 장기 보존의 안정성을 높여 유인균들의 증식에 도움이 된다.

⑧ **류코노스톡 메센데로이데스**(Leuconostoc mesenteroides SY1118)

맛있다고 느껴질 때까지 발효를 주도하는 유산균으로 pH 4.8 이하에서는 생장이 잘 되지 않는다. 류코노스톡 메센테로이데스는 글리코스, 과당, 갈락토스, 만노스, 자일로스, 아라비노스, 수크로스 등으로 발효하여 젖산을 생성한다. 발효 초기에 주로 발육하여 김치를 혐기적 상태로 만든다. 이 유산균은 '덱스트란'이라는 식이섬유를 스스로 만들어내는데, 김치에 끈적끈적하게 묻어나는 국물은 바로 이 '덱스트란' 때문이다. 몸에서 분해가 안 되는 섬유질과 비슷한 비소화성 식이섬유을 만드는 안전한 유산균이며, 변비에 도움이 되고 이를 이용하여 막힌 혈관의 뚫어주는 혈전용해제를 만들어 혈압을 낮추는 효과가 있어 혈압과 관련된 생활습관병 예방에 도움이 된다.

⑨ **스트렙토코커스 서모필러스**(Streptococcus thermophilus BSS08)

'Steptococcus'는 사슬모양으로 연결되어 있다는 'strepto(연쇄상, chain)'와 공 모양이라는 뜻의 'coccus(구형, round)'가 합쳐져 "동그란 모양의 균이 사슬모양으로 이어져 있다."는 뜻이다. 'Thermophilus'는 열을 나타내는 'trhermo(열, aeat)'와 좋아한다는 의미의 'philus'가 합쳐져 '고온에서 잘 자라는 균'이라는 의미를 가지고 있다. 따라서 다른 유산균이 37℃에서 잘 자라는 데 비해 40℃ 이상에서 잘 배양된다. 유산을 생성하여 장의 연동운동을 촉진시켜 변비를 예방하는 유산 생성능력이 매우 뛰어나며 장의 상태에 따라 연동운동을 빠르게 혹은 완만하게 조절하는 기능도 있다. 설사와 변비의 주된 원인은 장내 균총의 파괴로 인해 장내 유해균이 많아지기 때문인데, 이를 억제하여 유해균에 의한 독소의 피해를 예방한다.

⑩ 사카로미세스 세레비시아(Saccharomyces cerevisiae BSS01)

항생제에도 끄떡하지 않는 강력한 효모로 쉽게 사멸되지 않으며 위산과 담즙 및 장액에 영향을 받지 않고 살아 있는 상태로 장까지 도달하는 점이 특징이다. 따라서 균을 코팅하는 특별 처리를 하지 않아도 설사 증상을 개선하는 능력을 발휘한다. 소화기 내에서 유해균이 증식하는 것을 억제하고, 세균이 분비하는 독소를 중화시켜 질병의 원인 물질을 제거한다. 또 면역계에 작용하는 물질이 잘 분비되도록 해 면역계 방어작용을 증가시킨다. 아미노산, 비타민 B군, 여러 종류의 효소를 풍부하게 함유하고 있으며, 장내 세균총에 영양분을 공급하고 흡수되지 않는 영양소의 분해 및 흡수를 촉진시킨다. 항생제에 내성이 있어 항생제와 함께 써도 고유기능을 발휘한다.

⑪ 바실러스 서브틸리스(Bacillus subtilis BSS09)

고초균으로 자연계에 널리 분포하는 비병원성이며 호기성으로 볏짚이나 공기 중에 존재하여 청국장 발효균으로 많이 사용된다. 온도는 37~40℃, pH는 6.8~7.0에서 잘 성장하며 강한 아밀라제(amylase) 및 다양한 프로테아제(protease) 등을 분비하여 여러 자연계의 물질들을 분해하며 영양원 순환에 크게 기여하고 다양한 항미생물 제제및 항곰팡이 제제들을 생성한다. 단백질이 풍부한 증자된 대두에서 매우 잘 자라며 단백질, 전분 등의 분해력이 강하고 면역조절능력이 있어 알레르기 예방효과가 있다.

⑫ 바실러스 서브틸리스(Bacillus subtilis BSS11)

주로 된장 등에서 발견되는 바실러스 서브틸리스는 생명력이 대단히 강해 150도 이상 가열해도 죽지 않고 대장까지 도달하는 아주 강한 생명력을 가지고 있다. 된장국을 먹으면 속이 편해지고 배변이 잘 되는 것은 바실러스 서브틸리스 균이 제대로 활동하기 때문이다.

바실러스 균은 대장에서 장에 붙은 숙변을 분해하기 때문에 변비로 고생하는 사람에게 효과가 뛰어나며 쾌변을 돕기 때문에 비만치료, 피부개선에 탁월한 효과가 있다. 대장의 상태가 나빠 배변력이 약해지면 독소를 배출할 수 없어 인체의 유익한 균이 살기 어려운 것은 물론이며 독소로 인해 여러 가지 피부병이 생길 수 있다.

(2) 알파 유산균 12종

① **스트렙토코커스 서모필러스**(Streptococcus thermophilus)

　고온에서 잘 자라는 균으로 일반 유산균이 37℃에서 잘 자라는 데 비해 40℃ 이상에서 잘 배양된다. 유산 생성능력이 매우 뛰어나며 항생제에 민감한 특징을 가지고 있다. 면역 촉진에 도움을 주며 유해세포 억제와 위장건강 증진에 효과가 있다.

② **비피도박테리움 롱검**(Bifidobacterium longum)

　장내 유산균 중 90%를 차지하고 있으며 내산소성, 항생제에 대한 감수성이 높다. 살아 있는 채로 장내에 도달하여 유해균에 대한 항균력과 설사, 장염, 과민성 대장증후군 개선에 도움이 된다. 장운동과 배변활동 강화, 면역력 향상에 유익하다.

③ **락토바실루스 아시도필루스**(Lactobacillus acidophilus)

　내산성이며 정장작용, 항암, 혈중 콜레스테롤 저하, 비타민 B 및 비타민 K의 생성능력, 면역력 증강, 과민성 대장증후군에 의한 복통을 감소시키는 데 효과적인 것으로 알려져 있다. 장 점막에 부착하여 천연항생제를 만들어내어 장 질환을 유발하는 20종류 이상의 유해균의 성장 억제와 발암물질 등을 체외로 배설시키는 역할을 통해 유익균이 장내 환경의 우위를 점하는 데 영향을 미친다. 지방, 단백질, 유제품의 소화를 돕는 효소를 생성해 소화를 촉진시킨다.

④ **락토바실러스 카제이**(Lactobacillus casei)

　소화액에 의해 사멸되지 않고 소장까지 가서 균총을 정상화시키고 유당 불내증을 줄여주며 정장 및 소화작용을 돕는 매우 유익한 균이다. 최근에는 위궤양, 위염을 일으키는 헬리코박터 파일로리의 성장을 저해하며 대장 내의 미생물 균총의 균형에 도움을 주는 것으로 보고되고 있다. 산이나 열에 강하고 치즈 숙성에 있어 매우 유익하며, 또한 락토바실러스 아시도필루스의 성장에 도움을 주고, 탄수화물을 분해시키는 효소인 아밀라아제(amylase)를 생산한다.

⑤ 락토바실러스 파라카제이(Lactobacillus paracasei)

프락토올리고당을 대사에 이용하여 발효하는 유산균종이다. 점막을 강화하여 소아 만성 알레르기 비염 완화에 효능이 있으며, 충치균을 제거하고 류머티즘, 관절염에 도움을 준다. 열로 죽인 유산균(Lactobacillus)이 특히 면역글로블린 E 합성을 억제하며 인터루킨-12 생산을 자극하는 것은 이미 증명된 사실이다.

⑥ 락토바실러스 플란타룸(Lactobacillus plantarum)

우리나라 김치의 유산발효를 주도하는 균으로 항균물질을 생성해 유해균을 억제하고 면역기능을 조절한다. 영양원, 비타민, 항산화물질을 보호하고 특히 장내 독소제거 능력이 뛰어나다. 다른 균들에 비해 산과 담즙에 의해 덜 파괴된다.

⑦ 락토바실러스 람노서스(Lactobacillus rhamnosus)

위산과 담즙의 내산성이 강해 장 도달성 및 장내 정착력이 높은 균 중 하나다. 유해균의 침입을 억제해 면역조절 효과가 뛰어나다. 장내 독성물질을 감소시키고 면역체계에 도움을 주어 아토피 및 알레르기와 같은 면역질환 개선에 효과가 있다는 연구결과가 있다.

⑧ 비피도박테리움 비피듐(Bifidobacterium bifidum)

주로 대장과 소장 및 여성의 질에서 서식하며, 이 유산균은 백혈구 증진을 촉진시켜주고 소화되지 않은 탄수화물(락툴로오스, 올리고당)을 발효시켜 초산과 유산을 형성, 장내 산도를 증가시켜 장내세균, 부패균을 억제시켜 준다.

⑨ 비피도박테리움 브리베(Bifidobacterium breve)

모유 수유하는 유아의 결장에서 주로 발견되며 당을 분해하고 초산, 젖산을 생산한다. 식물섬유 분해 능력이 탁월하여 대변 양을 증가시켜 변비에 도움을 준다. 유해 대장균을 억제하고, 세균성 설사 억제에 도움이 되며, 알레르기 예방과 항염증 효과가 있으며 점막장벽의 기능을 강화해 신생아의 괴사성 장염의 발병을 낮추기도 한다.

⑩ 락토바실러스 델브루키 ssp 불가리쿠스(Lactobacillus delbrueckii sspbulgaricus)

장내에 기생하는 병원성 세균에 의한 부패 방지와 장내 미생물의 균형을 유지하고 소장의 유당분해효소(Lactase, 락테이스) 결핍 때문에 유당을 제대로 흡수하지 못해서 배탈이 나는 유당 불내증에 도움이 된다. 산의 생성이 가장 빠르고 53℃에서도 생육하며, 특히 글리코스, 젖당, 갈락토스 등을 잘 발효하고, 2.7~3.7%의 젖산을 생산한다.

락토바실러스 불가리쿠스는 혐기성으로 운동성과 젤라틴 액화력이 없는 것이 특징이다. 이 균의 생육 적정 온도는 40~50℃로서 우유를 37℃에서 응고시키지만 카세인(casein)은 분해하지 못한다. 그러나 젖산균 중 산의 생성이 가장 빠르고 53℃에서도 생육한다. 특히 글리코스, 젖당, 갈락토스 등을 잘 발효하며, 2.7~3.7%의 젖산을 생산한다. 우유를 원료로 한 젖산 음료 및 젖산 제조, 정장제, 피혁 탈석회제 등으로 이용되고 있다.

⑪ **락토바실러스 퍼멘텀**(Lactobacillus fermentum)

충치균 '스트렙토코커스 뮤탄스'의 증식을 억제하는 효과가 있다. 대한보건협회와 한국유산균연구회가 주최한 심포지엄 연자로 나선 일본 히로시마 치과대학교 니카와 히로키 교수는 유산균 '락토바실러스 퍼멘텀'이 들어 있는 발효유가 충치 원인물질인 불용성 글루칸을 합성하는 충치균의 'gtfB'라는 효소를 억제하는 것으로 나타났다고 밝혔다. 충치균의 증식과 이 균에 의해 형성되는 불용성 세균막 형성 억제효과가 있으며 살아서 장내까지 도달한다.

⑫ **락토바실러스 루테리**(Lactobacillus reuteri)

모유 성분에서 발견되는 유산균으로 모유를 먹고 자란 아이는 감기나 병에 쉽게 걸리지 않는 강한 면역력을 가지고 있는데, 신생아의 장내에는 어른의 10배나 되는 루테리균이 존재하는 것으로 밝혀졌다. 루테리균이 인체의 위, 소장, 대장 등 인체의 여러 곳에서 발견되며 장관벽에 강하게 흡착하여 잡균을 억제하는 장내소화세균으로 면역에 영향을 준다.

🌿 효모(Yeast) 건조물

베타글루칸(beta-glucan)이라는 면역력 증강 인자가 들어 있어 면역력 증강에 도움을 주며, 양질의 단백질 공급원, 영양보급, 소화효소제, 정장작용, 피부미용, 항산화, 임산부 영양, 발육촉진, 뇌기능 향상, 노화 방지, 알레르기 등에 도움을 준다.

🌿 바실러스 코아귤런스(Bacillus coagulans)

유산균이 열이나 산 같은 열악한 환경에 노출되면 스스로 포자(껍질)를 형성해 위장을 통과, 장내에 정착한다. 번식력이 뛰어나며 다량의 유산을 생성하고 항균성 물질도 만들어낸다. 유산에 의해 장내 pH가 낮아지면 유해균의 증식이 억제되고, 생성된 항균성 물질의 작용으로 자연스러운 정장효과를 발휘하게 된다.

🌿 클로렐라(Chlorella)

광합성 능력이 뛰어나 빠른 속도로 자라고 수가 불어난다. 세포 안에 탄수화물, 단백질, 지방을 모두 가지고 있어서 그냥 먹어도 필수영양소는 다 섭취할 수 있는 완전식품이다. 배양조건에 따라서 이 3가지의 함량을 조절할 수도 있고 그 외에 비타민, 섬유질 등도 모두 섭취할 수 있다. 클로렐라에 함유된 클로로필 등의 물질이 오염물질에 자석처럼 달라붙어, 흡수를 억제하고 몸 밖으로 배출하는 역할을 한다.

10. 건강의 바로미터 - 장내 건강과 소화

　장(腸) 건강은 인체건강과 직결된다. 인체의 세포를 먹여 살리는 영양소를 가공하는 장소는 장이다. 오장육부가 함께 협력하여 인체를 유지하고 있지만 오장육부를 돌아가도록 영위하는 곳이 곧 소장이며, 음식물을 소화·흡수하여 영양소를 만든다.

　인체는 입으로 음식을 먹기 시작하여 오직 한 통로만으로 직장까지 내려가 찌꺼기는 퇴출시킨다. 입·식도·위장·십이지장·소장·대장·직장·항문 순으로 입에서 꼭꼭 씹어서 넘기면 위장에서 받아서 소독하고 곱게 섞어 미즙으로 만들어서 내려 보내면 십이지장(샘창자)에서는 췌장의 소화효소를 받아 분해하고 다음으로 소장에서 많은 소화효소를 내어 더욱 더 잘게 부수고 열심히 소화를 시켜 영양소를 흡수할 준비를 하는 것이다.

　소장은 소화·흡수를 하면서 연동운동을 하여 음식물을 밀어낸다. 이때 미처 소화효소들이 소화작용을 다 하지 못하기 때문에 남은 영양소들이 채 흡수되지 못하고, 나머지가 밀려나가기 전에 소장에 살고 있는 수많은 미생물들이 잘게 부수어 장이 흡수하게 도와주고 있다. 물론 이 영양소로 미생물들도 먹고 산다.

　각자의 기본적인 장 건강상태도 있지만 소장에 살고 있는 미생물의 종류에 따라 장 건강이 좌우되기도 한다. 유익한 균이 많으면 좋은 활성물질을 뿜어내면서 장을 편안하게 유도하고 유해한 균이 많으면 독성을 뿜어내어 불편하게 만든다. 그것은 방귀의 냄새나 변의 색으로도 알수 있다. 대장에 비피더스균이 자리를 많이 차지하고 있으면 아기처럼 변 상태가 좋지만, 어른이 되면서 음식습관과 환경변화에 따라 비피더스균이 줄어들어 장내는 유해균으로 인한 독성이 많이 쌓이게 된다. 장에서 만들어지는 모든 것 중 일부는 밖으로 나오지만 많은 영양소와 가스가 혈관을 통해 간으로 재흡수되어 간 효소로 해독을 하고 또 혈관을 통해 심장으로 들어간다. 이렇게 우리의 인체는 정교하다.

장이 건강하면 간도 건강해진다. 장이 건강하여 장내 가스와 불필요한 찌꺼기를 잘 내보낸다면 소화는 순조로워진다. 본격적인 소화·흡수작용을 하는 것은 소장이기 때문에 비워야 할 때는 비워져야 제대로 된 운동이 가능하다. 아토피나 피부병으로 고생하고 당뇨, 고혈압, 통풍 등 각종 질병이나 염증으로 고생하는 것은 건강의 기초를 잡는 장의 부실로 장내 음식물이 제대로 소화되지 못하여 부패하기 때문이다. 부패할 때 생기는 장내 유해균이 만든 각종 독소로 탁한 혈액이 만들어지고 이런 피가 온몸을 돌고 있기 때문에 피부 밖으로 독소를 뿜어내는 아토피가 생기고 여기저기 통증을 일으키는 등 각종 염증과 질환으로 나타나는 것이다.

소장은 위장의 바로 아래 십이지장(샘장), 공장(空腸), 회장(回腸)의 세 부분으로 구분된다. 소장 내면의 점막에는 수많은 주름이 있고 그 표면에 융모가 있는데, 이 융모 사이로 장선이 열려 있어 장액을 이곳으로 분비하고, 위액에 의해 암죽처럼 된 음식물은 소장을 통과하는 사이에 소장 벽에서 분비되는 장액, 간에서 만들어지는 쓸개즙, 췌장에서 나오는 췌장액 등과 혼합된다.

　소장은 소화운동을 하면서 영양분을 소화·흡수하는 중요한 부분이다. 소장에 있는 균이 인체 내 균의 70% 이상을 차지한다. 대장은 주로 소화 불가능한 음식물 찌꺼기로부터 수분과 비타민의 일부, 쓸개즙염, 빌리루빈 등을 흡수하고, 찌꺼기를 보관하고 있다가 몸 밖으로 배출한다. 대장에서 살고 있는 세균은 무려 500여 종이 넘고 박테리아는 '제3의 장기'라고 불릴 정도로 중요한 일들을 한다.

　사람에게 꼭 필요한 몇 가지 비타민을 만들고 사람이 소화시킬 수 없는 탄수화물이나 단백질도 소화시킬 수 있도록 돕고 있어 사람이 음식을 먹고 얻는 에너지의 10~15%는 장 속 미생물의 소화에 달려 있다.

11. 유인균을 통한 장내 플로라(Flora) 형성

　소장과 대장에 걸친 장내 융털에는 여러 종류의 세균이 전체적으로 깔려 있어, 그 모양을 꽃밭에 비유하여 '장내 꽃밭(플로라, Flora) 또는 장내세균총'이라고 한다.

　자연의 꽃밭에는 여러 종류의 꽃들이 일정하게 영역을 지키면서 집단을 형성하는데 자연환경의 변화에 따라 꽃밭에도 변화가 생긴다. 비가 내리지 않아도, 혹은 비가 너무 내려도, 열기가 너무 강하거나 냉기가 너무 강해도 꽃밭에는 이상이 생긴다. 제대로 가꾸지 않은 꽃밭은 잡초가 무성해져 꽃이 잘 자라지 못하고 파괴되나, 정성 들여 다시 가꾸면 아름다운 꽃밭으로 되살릴 수 있다.

　마찬가지로 장이 건강하여 장내환경이 좋으면 정상 상태를 유지할 수 있으며 장내플로라가 건강할 수 있다. 하지만 장내세균총이 항상 건강한 상태가 지켜지는 것은 아니다. 노화가 진행되면서 면역력이 떨어져 유해균이 증가하게 되고, 유해균이 뿜어낸 독소가 노화를 촉진하게 된다. 또 소화력이 떨어지거나 질병에 걸리면 장내의 음식물이 정체되어 유해균은 더욱 번성하게 된다.

항생제를 주입하면 유해균이 사멸되지만 이때 유익균도 함께 사멸된다. 균들도 살기 위해 처절하게 노력한다. 항생제가 들어오면 위험을 감지하고 서로 방어하면서 빠르게 딸세포를 만들어 다음 세대를 이어가도록 한다.

유인균들은 '뮤신'이라는 점액물질의 생성을 활성화시켜 코팅막을 형성하는데, 소화효소나 산으로부터 장벽을 보호하고, 장내 유인균은 위에서 분해하지 못한 음식물이 인체에 흡수되도록 효소를 분비하는 등 소화를 돕기도 한다. 또한 약물의 분해와 흡수, 장의 수분 흡수, 비타민 형성 및 칼슘과 철분, 마그네슘 이온의 흡수율을 증가시키는 역할도 한다.

12. 좋은 균으로 유도하는 착한 유인균

자연 상태에서 건강하고 좋은 균을 이용하여 김치를 담그면 최고의 맛이 난다. 김장을 해서 땅에 묻어 두면 맛이 쉽게 변하거나 무르지 않아서 몇 년 동안 맛있는 김치를 먹을 수 있었다. 그런데 생활문화가 급격히 변화하면서 요즘엔 그런 건강한 균을 찾기 어렵다. 좋은 균을 찾기 위해서는 자연 그대로의 맑은 숲으로 가야 한다.

종종 불치의 병에 걸려 숲으로 들어갔던 사람들이 회복되어 돌아오는 것은 숲의 맑은 공기 속 방랑자들! 즉 숲속에 살고 있는 좋은 유전자를 가진 미생물 때문이란 것을 사람들은 알고 있을까? 좋은 균이 가득한 자연환경에서의 호흡이란 대사의 기초작업으로서 좋은 균을 몸 안으로 받아들임으로써 건강의 첫 단추를 끼는 것이다.

반면, 도시의 현대적 건물이나 아파트에는 좋은 미생물이 별로 없다. 시골에 사는 사람이 도시 사람보다 건강한 것처럼, 도시 미생물은 좋은 유전자(DNA)가 끊어졌거나 변이되어 있다. 콘크리트로 둘러싸인 도시에서 좋은 미생물을 바라는 것은 수도관에서 천연 생수가 나오기를 바라는 것과 같다. 자연의 맑은 공기와 흙에 묻힌 장독 안의 미생물과 온갖 공해에 찌든 도시의 시멘트 건물 안의 플라스틱 통에 있는 미생물이 같을 수 있을까?

물론 일반적으로 편리하고 위생적인 주방에서 늘 손을 세정제로 세척하고 일회용 비닐장갑을 끼고 김치를 꺼내거나 나물을 무친다. 비닐장갑은 자식을 아끼는 어머니의 정성과 남편에 대한 아내의 사랑을 차단한다. 푸근한 정(情)과 넘치는 감성, 좋은 에너지와 함께 건강한 미생물을 막아 버린다. 거기에다 끓이고 지지고 볶고 삶는 과정을 통해 미생물이 완전히 사라져버린 식재료에 MSG를 비롯한 각종 첨가제로 혀끝만 유혹하는 맛에만 집착하는 이런 상황에서 건강을 유지하기란 여간 어려운 일이 아니다.

외국에 나가서 우리나라 사람을 만나면 반갑고 친근하다. 전혀 안면이 없어도 금방 친해진다. 균도 마찬가지다 유익한 균들끼리는 서로 친화력을 가지고 공생 공존한다. 동종끼리는 가능하나 다른 종이나 천적끼리는 함께 존재할 수가 없다. 미생물 역시 마찬가지다. 나쁜 균을 만나면 좋은 균은 살기 어렵고, 살아간다 하더라도 병든 사람처럼 상태가 좋지 못하고 좋은 유전자도 사라진다.

13. 환경에 따라 변하는 균

일찍이 일본은 한국의 김치에 지대한 관심을 갖고 고유의 김치 맛을 내기 위해 엄청난 노력을 했다. 먼저 일본의 재료를 쓰되 같은 재료의 양과 조리과정으로 김치를 담갔으나 실패했다. 그 다음 한국의 배추와 양념을 공수하여 담갔으나 그것도 실패했다. 세 번째로 '손맛'이 원인인가 싶어 한국의 엄마를 일본으로 모셔가 한국 배추와 양념으로 담가보았으나 고유의 맛은 나오지 않았다. 이유가 무엇일까?

원인은 감정과 환경이다. 사람의 감정에 따라 체온이 변하고 습도가 변하여 사람 몸에 있는 미생물도 기질이 달라지고 미생물의 DNA가 변한다. 가족을 위해 정성껏 담근 엄마의 김치는 공장에서 담는 김치와 감성 면에서 엄청난 차이가 있으며 이것도 미생물의 작용이다. 일본이 한국의 김치 맛을 내기 위해 온갖 노력을 해도 되지 않는 부분이 존재한다. 그것은 한국이란 나라의 환경적·지역적 특성과 민족의 감성이다.

좋은 균이 나쁜 환경으로 옮겨지면 시간이 지나면서 좋은 DNA가 끊어지고 변질된다. 그러나 좋은 환경(자연환경, 숲)으로 가면 끊어진 DNA가 복원된다. 미생물은 반드시 좋은 자연환경에서 받아야 한다.

자연 속이나 짚에서 살던 균이 메주 속으로 들어가면 고초균이 되고, 우유 속으로 들어가면 우유균이 되며, 김치 속으로 들어가면 김치균이 된다. 좋은 환경에서 나온 우리의 김치 유산균, 청국장을 만들 때 짚에서 나온 고초균, 바실러스균 외 다양한 균(g당 25억 마리)과 두유와 우유 및 각종 식품(채소, 약초, 생선, 육류)을 발효하면 생성되는 균, 고두밥의 누

룩균, 각종 식품에서 나온 유산균(젖산균)들과 각종 유익한 균들의 집합이 유인균이다. 이 유인균들이 음식에 들어가고 몸에 들어가면, 어디에 속하면 좋을지 중간에서 헤매고 있는 중간자적인 균(해바라기균)을 유인하여 좋은 균으로 예속시켜 유익균으로 재탄생시킨다. 좋은 균으로 유도하여 음식을 건강하게 지탱하고 인체를 건강하게 하는 균들의 조합인 발효 복합균종 유인균을 여러 음식에 적용하여 일정한 온도와 습도, 시간을 제공하면 부패로 가는 길을 막을 수 있다.

맛있는 김치를 오래도록 먹고, 좋은 김치유산균을 늘 먹을 수 있는 것이다. 각종 장아찌나 청을 담아 유산균을 먹고자 농도 높은 설탕 절임으로 오랜 시간을 기다리지 않아도 각자가 좋은 균의 집합체인 유인균으로 건강하고 싱싱한 미생물이 가득한 발효식품을 자주 만들어 먹음으로써 건강을 유지할 수 있다.

14. 소화와 효소의 작용

건강한 사람은 소화력이 뛰어나다. 그래서 늘 건강할 수 있다. 건강한 사람이 건강을 지킬 수 있도록 유도하는 것이 체내에 있는 효소다. 인체 효소는 소화·흡수와 인체를 합성을 유도하는 단백질 촉매제다. 따라서 건강을 유지하려면 인체에 들어오는 나쁜 인자를 잘 퇴치해야 한다. 역으로 건강이 나빠지기 시작하는 징조는 소화력이 약해지기 시작하는 것이다. 소화력이 약해진다는 것은 효소의 작용이 약해 고분자를 저분자(세포 속으로 유입할 수 있는 단당류의 포도당)로 분해하는 분해력이 떨어지거나 효소량의 저하로 미처 분해하지 못하여 각 세포들에게 영양소 공급을 제대로 하지 못한다는 증거다. 먹지 못해 힘없는 세포조직들은 면역력이 떨어지고 건강한 합성을 하지 못하여 각 인체 조직과 기관을 튼튼하게 형성하고 유지하는 것이 어려운 것이다.

질병에 걸리면 인체는 무엇보다 질 좋은 우수한 영양소를 필요로 한다. 그런데 환자는 아무리 좋은 음식을 먹어도 소화를 잘 시킬 수 없는데다가 약물의 주입으로 인해 더욱 악화되어 건강한 세포와 미생물을 위험에 빠트린다. 무엇보다 환자는 소화가 잘 되는 음식을 먹어야 회복의 길로 나아갈 수 있다.

소화효소는 고분자(덩어리)를 저분자(아주 작은 알갱이)로 쪼개어 소화·흡수를 용이하게 해준다. 먹을거리가 시원찮았던 시절 우리 엄마들은 밥을 꼭꼭 씹어 아기의 입에 넣어주었다. 소화력이 약한 아기를 위해 엄마의 효소와 미생물로 분해하여 먹인 것이다. 그런 측면에서 본다면, 요즘 아기들은 엄마가 씹어주는 입밥은 고사하고 모유조차 제대로 먹지 못하는 실정이다.

모유에는 올리고당이 들어 있다. 소화효소가 제대로 발현되지 않는 아기들은 분자량이 많은 올리고당을 소화시킬 수 없다. 그런 올리고당이 왜 엄마젖에서 나올까? 이유는 올리고당이 아기의 장 속에 있는 미생물에게 주는 미생물의 먹이이기 때문이다. 장 속의 미생물이 올리고당을 먹고 건강하게 활동해야 아기가 건강하게 자란다. 인체는 이렇게 오묘한 것이다.

소화에 관여하는 미생물

2012년 6월 미국에서 인체의 소화과정에 소화효소만 작용하는 것이 아니라는 발표가 있었다. 즉, 미생물이 관여한다는 것이다.

효소가 활동하기 좋은 온도는 36~40℃ 사이다. 사람의 체온은 평균 36~37℃이므로 인체는 효소가 활동하기에 매우 효율적이며 효소의 발현을 돕는 적절한 발효통이다. 당연히 소화작용에 미생물도 관여하므로 유인균은 어찌보면 급여도 없이 성실하게 일하는 장내 소화작용의 착실한 일꾼이다.

입속에서부터 각 장기에 이르기까지 효소와 미생물들은 적절한 온도에서 활동하고 각종 음식물을 발효하여 분자들을 분해시키기 때문에 우리는 생명과 건강을 유지하며 이렇게 살아가는 것이다. 환자나 건강하지 못한 사람들이 제대로 발효되어 분해된 발효음식을 먹게 되면, 소화과정에서 소화효소와 에너지를 덜 사용하게 되고 질병을 고치는 치유대사작용에 전력할 수 있다.

미국의 연구결과에 따르면 평균적으로 미국인이 태어나서 죽을 때까지 소화효소 80%, 대사효소 20%를 사용한다고 한다. 이를 우리나라에도 적용해 볼 수 있을 것이다. 일반적으로 음식물이 소화되는 시간은 최저 약 1시간에서 5시간 정도인데, 죽 53분, 육고기 4시간 15분 등이다. 만약 에너지(효소)를 소화작용에 사용하는 시간이 길수록, 대사기능이 다소 떨어지게 되는데 환자의 경우는 더욱 떨어져 치유대사에 전념하기 어려울 것이다.

인체는 현재 상태에서 가장 급하고 중요한 일에 집중한다. 그래서 식사를 한 뒤에는 소화작용에 많은 에너지가 쓰인다. 식사를 한 뒤 식곤증이 오는 것도 인체의 에너지를 소화작용에 사용하기 때문이다.

일반적으로 하루 세끼를 먹는 것은 먹은 것이 소화가 다 되었을 때 자연스레 배고픔을 느끼기 때문이다. 잠자는 시간 빼고 거의 소화작용을 위해 투자하는 시간이 많아서 힘들 경우도 있다. 질병이 시작되거나 병중에 있을 때 소화작용에 너무 많은 에너지를 투자하면 치유의 속도는 떨어지게 된다.

유인균을 통해 발효의 힘을 빌리면 미생물이 가진 효소로 식료의 기질(음식물)을 미리 잘게 부수어 인체가 소화효소를 덜 사용하고 소화작용에 쓰일 에너지를 아껴 치유와 대사작용으로 돌릴 수 있는 것이다.

15. 맛있는 김치를 위한 김치 유산균

　균들은 서로 유익한 종끼리 공생 공존한다. 발효가 시작되면 바실러스 균이 활약을 하고 이 균의 분비물을 먹고 효모가 자란다. 이렇게 균들이 뿜어내는 분비물이나 활성물질을 박테리오신이라고 한다. 효모가 내뿜은 여러 물질을 유산균들이 먹고 영역 확장을 하고 나쁜 균을 잡고 부패를 막으며, 위에 하얀 막(보통 초막이라고 함)을 형성하여 호기성을 가지고 산화를 유발하는 균들이 침입하지 않게 하며, 초막 아래를 혐기성으로 만든다. 이렇게 좋은 역할을 하는 균들의 집합이 유인균들이다.

　아무리 잘 담근 김치라도 뚜껑을 자주 열거나 뒤적이면 맛이 변하고 물러진다. 이유는 김치 뚜껑을 자주 열면 호기성 미생물이 많이 침입하여 맛이 빨리 변하기 때문이다. 따라서 이틀 정도 먹을 것만 빼고 꼭꼭 눌러 보관하는 것이 좋다. 김치를 보관할 때 맨 위에 겉잎을 올려 놓는 이유도 초막을 만드는 이치와 마찬가지로 호기성 균이 근접하지 못하도록 만드는 것이다.

　된장이나 고추장도 마찬가지다. 장도 자주 뒤적이면 맛이 변한다. 예전에 장독에 버선본을 붙이고 새끼줄에 고추와 숯을 다는 것은 부정을 막는 의미이기도 하지만 사실 잡균의 접근을 새끼줄의 고초균으로 막고, 하얀 버선본으로 강한 햇볕을 막아 유해균 증식을 억제했던 것이다. 균도 네편 내편이 정해져 있으며, 일부 좋은 균과 일부 나쁜 균 사이에 해바라기균(중성균으로 힘이 강한 쪽으로 움직이는 균들)이 있어 어느 균이 장악하느냐에 따라서 균들의 배열이 달라져 순식간에 맛이 변한다.

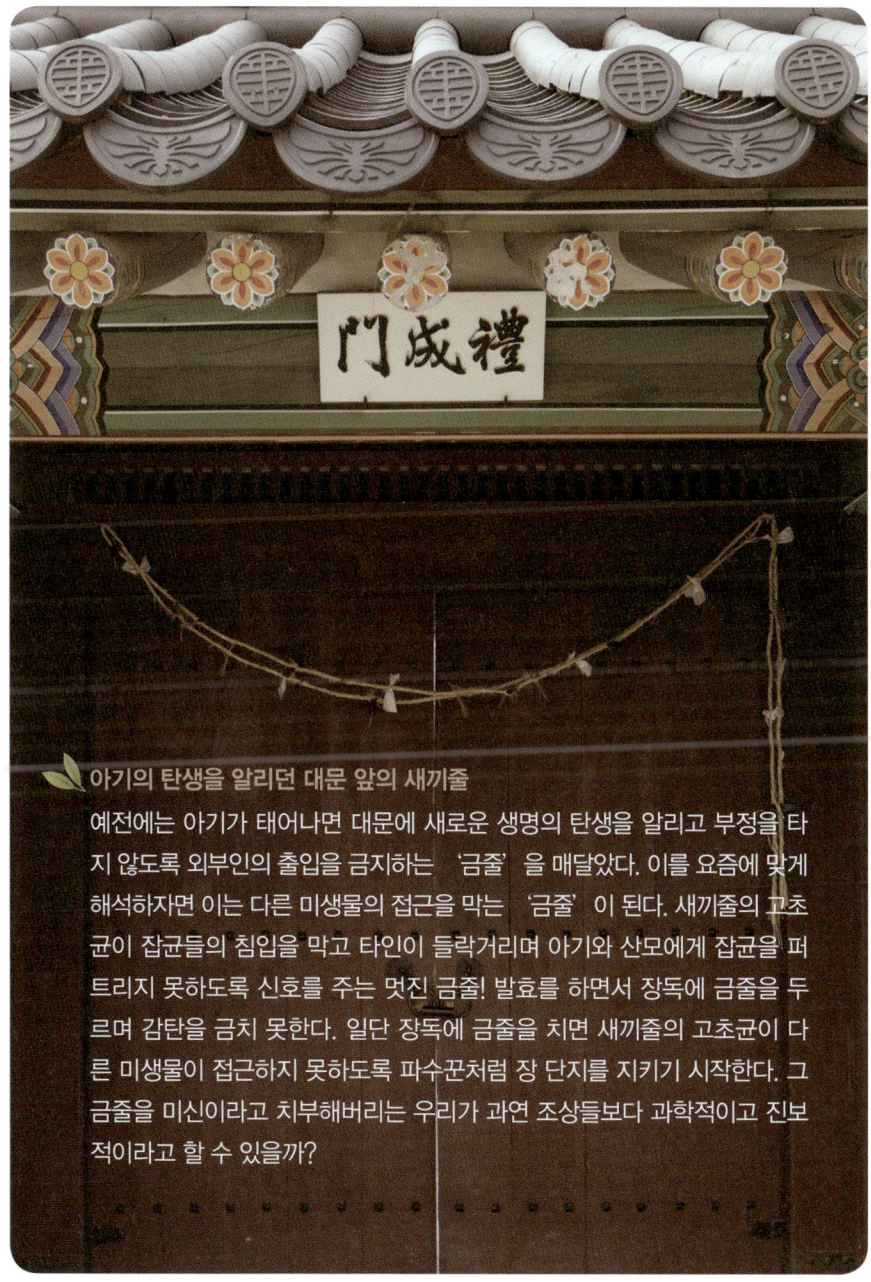

🌿 아기의 탄생을 알리던 대문 앞의 새끼줄

예전에는 아기가 태어나면 대문에 새로운 생명의 탄생을 알리고 부정을 타지 않도록 외부인의 출입을 금지하는 '금줄'을 매달았다. 이를 요즘에 맞게 해석하자면 이는 다른 미생물의 접근을 막는 '금줄'이 된다. 새끼줄의 고초균이 잡균들의 침입을 막고 타인이 들락거리며 아기와 산모에게 잡균을 퍼트리지 못하도록 신호를 주는 멋진 금줄! 발효를 하면서 장독에 금줄을 두르며 감탄을 금치 못한다. 일단 장독에 금줄을 치면 새끼줄의 고초균이 다른 미생물이 접근하지 못하도록 파수꾼처럼 장 단지를 지키기 시작한다. 그 금줄을 미신이라고 치부해버리는 우리가 과연 조상들보다 과학적이고 진보적이라고 할 수 있을까?

김치맛이나 장맛을 결정하는 것은 미생물이다. 우리 조상들은 일 년 농사인 장을 담글 때 목욕재계를 하고 정갈한 마음과 몸을 갖추었는데, 이는 좋은 미생물을 받아들이려는 정성이다. 신체적 건강이 좋지 않거나 마음이 좋지 않은 상태에서는 미생물도, 장의 질도 나빠진다. 장의 질도 담그는 사람의 건강상태를 따라가기 때문이다.

따라서 집집마다 김치의 맛이나 장맛이 다를 수밖에 없는데, 이는 미생물의 분포도가 다르고 만드는 사람이 가진 미생물이 각각 다르기 때문이다. 미생물은 온도와 습도에 매우 민감하여 그에 맞게 발현한다. 한 집에서 같은 재료로 김치를 담가도 사람이나 보관장소에 따라서 맛이 달라진다. 일본으로 간 김치가 우리나라 김치와 맛이 같지 않은 것과 같은 맥락이다.

16. 김치 유산균을 극대화시키는 유인균

유인균으로 담근 맛있는 김치에서 나오는 우수한 김치 유산균(신(酸味)김치 국물)을 새로 갓 담근 김치에 넣어주면 우수한 김치균이 세력을 장악한다.

사람이 대화를 하듯이 균(미생물)들도 서로 대화를 한다. 언어로 하는 것이 아니라 화학물질(Quorum Sensing)로 한다. 미생물 간의 통신은 화학물질을 이용하여 식량이 있다는 메시지를 동료 미생물에게 전하고 저들의 식구가 많은지 적은지 가늠한다. 같은 종의 미생물을 만나면 함께 협력하여 세력을 구축한다. 세력이 제대로 구축되지 않으면 쉽게 움직이지 않고 가만히 있다가 서로 화학물질로 대화하면서 환경을 살피다가 때가 되면 순식간에 확상하기도 한다.

갓 담근 김치가 익어갈 즈음에는 맛이 없다. 미생물들 간에 영역 넓히기를 위한 세력다툼을 하고 있는 과정이므로 여러 균종이 마구 쏟아져 나온다. 이 시기에는 이 맛도 저 맛도 아닌 어정쩡한 맛 없는 상태인데, 시간이 지나면서 어느 정도 일정한 균들이 세력을 장악하여 자리를 잡으면 그제야 비로소 맛이 든 김치가 된다.

이렇게 맛있게 익은 김치유산균의 종균을 김치 유인균이라고 한다. 균끼리 서로 다툼 없이 초반부터 유인균이 세력을 장악하면 김치가 익어가는 중에도 외면당하는 일 없이 늘 맛있고 아삭한 김치가 될 것이다.

김치는 맛도 좋지만 유산균과 비타민, 섬유소가 풍부한 영양식품이다. 미국의 건강 전문지에서는 김치를 세계 5대 건강식품으로 꼽았고, 워싱턴 포스트지에서는 김치를 '한국의 값싼 건강보험'이라고 극찬했다. 또한 김치 속에 소금(나트륨)이 많아서 위암의 위험이 있다고 하지만 사실 김치 속의 나트륨은 치즈나 햄버거, 식빵 등에 비하면 높지 않다.

음식물 100g당 나트륨 함량을 살펴보면, 카레라이스 1,100mg, 피자 2,600mg, 치즈샌드위치 1,900mg, 일본우동 2,400mg, 식빵류 250~600mg 등이다. 반면 김치의 경우 배추김치 300mg, 열무김치 300mg, 마늘쫑무침 600mg이다. 일본인들은 밥 없이 배추김치만 먹는 모습을 흔히 보는데, 밥 없이 배추김치만 먹는다고 해도 식빵만 먹는 것과 비슷한 정도의 나트륨을 섭취하는 것이므로 김치의 나트륨 문제는 크게 우려할 수준이 아니다.

또한 김치에는 나트륨을 배출하는 칼륨이 약 100g당 300mg 함유되어 있다. 김치는 위암에 탁월한 효능이 있는데, 항암효과를 제대로 보려면, 담근 지 한 달쯤 지난 것이 가장 좋다. 김치가 한창 숙성될 한 달 무렵에 위암 세포를 죽이는 유산균인 바이셀라 코리안시스(Weissella koreensis)가 가장 많이 증식하기 때문이다. 김치의 고유한 향과 풍미를 결정하는 것이 바로 바이셀라(Weissella) 유산균이다.

또한 담근 지 한 달 된 김치에서 추출한 바이셀라로 위암 세포 억제 실험을 한 결과 많게는 75%까지 암세포가 사라지는 것으로 나타났다. 이 밖에도 잘 발효된 김치는 당뇨병과 심장 질환 같은 성인병은 물론 어린이 아토피 피부염에도 좋다. 최근에는 김치의 주재료인 배추의 '알릴 이소시아네이트(allyl isothiocyanate)'라는 성분이 대장의 염증을 크게 완화한다는 연구결과가 나오기도 했다. 결국 지나치게 짜게만 먹지 않는다면, 김치는 가장 쉽고 싸게 먹을 수 있는 겨울철 보약이 되는 셈이다.

김치를 담글 때 유인균들을 접종하여 발효음식을 만들면 발효음식의 실패율이 낮아지며 발효음식 속의 바이셀라유산균 함량을 높여 준다. 자연적으로 유인균들이 생겨서 좋은 김치가 만들어지기를 막연기 기다리기보다는 김치 속에 유인균을 종균하여 최상의 맛있는 김치를 먹는 것이 김치의 효능을 최대화할 수 있는 방법이다.

한국의과학연구원에서는 김치나 발효음식의 재료 속에 농약 등이 잔존하고 있기 때문에 우수한 유인균을 종균하여 발효음식을 담게 되면 발효과정에서 유인균들에 의하여 잔류농약 성분을 분해하여 건강에 더욱 좋다는 결과를 발표했다. 또 최근에는 유인균의 우두머리격인 바이셀라 유산균이 가장 잘 우점 발효될 수 있는 김치냉장고가 등장하기도 했다. 우유에 유인균을 넣고 발효하여 먹는 플레인 요구르트와 유인균 김치를 먹게 되면 식이섬유가 유산균의 증식을 도와 유산균의 생체 이용률을 높일 수 있다.

17. 유인균 김치의 활용

맛있는 김치 유인균(유인균으로 담근 종전 김치)을 새로 담근 김치에 넣어주면 기존의 맛있는 김치 맛이 그대로 살아 있는 김치로 발효된다. 같은 방법으로 신 김칫국물(김치 유인균)로 두부와 치즈를 만들 수 있고 김칫국물 양파장아찌 등 많은 음식에 응용이 가능하다.

좋은 김치 맛을 위해서는 각종 양념재료는 물론 1 ~ 15℃ 사이의 온도가 필요하다. 미생물은 온도에 민감하고 각기 다르게 발현된다. 일단 적절하게 익은 후, 1℃에서 유지되면 맛이 잘 변하지 않는다.

겨울철 김장 김치와 봄, 여름에 담근 김치 맛이 다르듯 계절마다 김치의 맛에는 차이가 있다. 사람도 태어난 계절과 일자, 시간에 따라서 성품이 다르듯 미생물의 분포도 다르다. 미생물의 성질은 숙주에 영향을 받는다. 모든 생물들은 제각기 독특한 향이 있다. 특히 동물에게는 페로몬(Pheromone)이란 향이 있고 각각이 독특한데, 페로몬 향에 의해 사람마다 고유의 체취를 갖게 된다. 서로 이끌리는 사람은 가진 미생물의 성질이 비슷하여 친하게 된다. 고로 어떤 마음을 가지고 있는지에 따라서 손끝까지 가는 온도가 다르고 미생물도 다르게 발현하여 음식의 맛이 다르다. 좋은 마음으로 만든 음식과 화가 난 상태에서 만든 음식의 맛이 다를 수밖에 없는 것이다. 사실 고무장갑이나 일회용 장갑을 끼고 음식을 하는 것은 이런 독특한 맛을 사전에 차단하는 것과 같다. 손을 아끼기 위한 것인지, 자신의 손이 더럽다고 생각하는 것인지 모르지만 생각해 볼 일이다. 착한 균이 가득한 손으로 직접 정성을 담아 착한 김치를 담가 보자!

18. 유인균을 장까지

　장을 건강하게 도울 수 있도록 유인균이 숨어들어 갈 수 있는 식품이면 다 가능하다. 유인균은 살아서 장까지 내려가 활동하는 종(種)이 많지만 이왕이면 위산에 타격을 받지 않고 무사히 소장까지 내려가면 더욱 좋다.

　위장에서 거의 모든 음식을 소화시키는 것으로 알고 있으나 사실 그렇지 않다. 위장으로 들어온 모든 음식을 위산과 펩신으로 소독하고 골고루 혼합하여 미즙으로 만드는 것이 위장이다. 입에서 치아로 잘게 씹은 음식을 다시 pH 1~2 정도의 위산으로 부수고 혼합하면서 각종 균들을 죽인다. 그렇게 하지 않으면 잡균으로 인해 인체가 위험해질 수 있기 때문이다.

　이렇게 위장은 들어온 음식들을 열심히 부수고 혼합하지만 완전히 소화시키지는 못하고 위장의 아랫부분인 유문으로 조금씩 내려보내는데, 이때 용하게 위산을 이겨내거나 음식물 속에 숨어있던 미생물은 장까지 내려가서 자리를 잡게 된다. 유인균 중에는 스스로 뮤신으로 코팅하는 노련한 생존기술을 사용해 장까지 내려가는 숫자가 많다.

　콩류는 최고의 단백질과 영양을 가졌지만 소화가 잘 되지 않는 식품으로 잘게 부수어야 하는데, 이를 유인균으로 발효시켜 먹으면 콩에 있던 유인균이 장까지 내려가는 데 매우 유리한 작용을 한다. 균을 코팅하는 것보다 더 좋다. 위에서 분비되는 펩신은 대부분의 유산균이 쓰고 간 어떤 코팅이라도 녹이는데, 인공 코팅을 너무 많이 하면 소화가 잘 안 된다. 유인균은 위산에 녹지 않도록 스스로 뮤신을 만들어 위장을 통과하는데, 유인균으로 발효한 음식을 먹으면 특히 김치 유산균, 청국장 유산균 등 복합균 상태로 존재하는 발효음식의 유인균들은 강력한 위산에도 살아남아 장까지 도달하는 것이 평균 30% 이상이다.

치료 목적으로 단기간에 100% 장까지 도달하는 미생물들을 먹는 것은 건강에 유익할 수도 있지만, 장에 정착하는 것보다 빠져나가는 것이 더 많다. 단기간 먹는 것보다는 평소에 꾸준하게 유인균이 함유된 음식을 먹어 빠져나간 숫자만큼 지속적으로 채워주는 것이 좋다.

세계 인구의 약 50%가 위장에 헬리코박터 파일로리(Helicobacter pylori) 균을 가지고 있으며, 이 박테리아는 암 외에도 심혈관질환과 같은 만성질환에 연결되어 있다. 위벽 상피 속에 존재하는 'Helicobacter pylori'에서 'helico'는 나선형, 'bacter'는 세균(bacteria), 'pylori'는 유문(幽門)이라는 뜻으로, 위장의 아래쪽인 유문부에 사는 나선형 세균을 가리킨다.

헬리코박터 파일로리는 국제암연구소가 규정한 1등급 발암 물질이다. 위궤양과 위암의 원인으로 지목된 헬리코박터 파일로리균은 좀처럼 뿌리 뽑기 어렵다. 하지만 브로콜리에 든 식물성 화학물질의 일종인 '설포라페인'에는 헬리코박터균이 꼼짝 못한다.

설포라페인은 암세포를 막으로 감싸안은 채 인체 밖으로 빠져나가는 것이 특기다. 항생제에 대한 내성이 강한 헬리코박터균도 브로콜리 앞에서는 맥을 못 춘다. 꾸준히 먹으면 만성위궤양이나 만성위염을 치료하고 더 큰 질병들을 예방할 수 있으며 헬리코박터균을 없애는 데 도움을 준다.

스트레스를 받으면 백혈구 속 비타민 C가 파괴되면서 면역력이 떨어지는데 브로콜리에는 레몬의 2배가 넘는 비타민 C가 들어 있다. 또 엽산도 풍부하여 인체의 석회화를 막는 역할도 하며 미네랄과 섬유질도 풍부하고 인슐린의 작용을 원활하게 하는 크롬이 있어서 혈당을 낮추는 데도 좋다. 브로콜리의 줄기에 영양소가 더 많으므로 줄기도 함께 먹는 것이 좋다. 유인균으로 브로콜리를 발효해 먹으면 브로콜리의 효능과 유인균의 힘이 합해져 헬리코박터균을 없애는 데 매우 유리하다.

헬리코박터균은 위산에 살아남지만 그 외 많은 균들은 죽는다. 하지만 위산에 녹아 없어지는 유인균들이 죽으면서 동료 유인균을 위해 내뿜는 박테리오신은 헬리코박터 파일로리균들을 억제하는 정균작용과 감염을 예방하는 매우 중대한 일을 한다. 유인균으로 브로콜리나 양배추를 발효해서 먹거나 식초를 만들어 먹으면 헬리코박터 파일로리균을 없애는 데 매우 도움이 된다.

19. 유인균과 성품

　모든 생명은 생명 유지를 위해 처해 있는 환경에 대해 스스로 변화를 통해 형태를 바꾸어 살아남는다. 인체도 마찬가지다. 겨울이 되면 피부가 땀구멍을 닫고 두꺼워지며 여름이 되면 땀구멍을 열고 얇아진다. 살아남기 위한 전략이다. 이처럼 모든 생명은 살아남기 위해 환경에 적응하려는 노력을 계속한다.

　갖가지 생명체를 보면 지역이나 계절에 따라 다르고 또 환경에 맞추어 태어나고 자라고 결실을 맺는 과정에 따라 생명의 기질이 각기 다르다. 육지에 사는 생명과 바다에 사는 생명이 다르다. 식재료도 겨울에는 미역과 김이 맛있고 무가 달고, 봄에는 미나리와 냉이가 나온다.

　사람도 기질과 성품이 다르다. 성품에 의해서 인격이 드러나고 성품과 인격으로 인해 삶의 질이 달라진다. 자연의 일부분이기에 태어난 계절이나 지역적 특성에 따라 기질과 특성이 각양각색이다. 지역의 특성들이 특산품을 만들어 내는 것처럼 모든 생명의 특징이 그러하다.

　미생물 역시 지역과 계절에 따라, 살고 있는 숙주에 따라 다르다. 숙주와 공생하는 미생물들은 살아남기 위해 숙주의 특이성에 맞추어야 한다. 세포도 미생물도 성질 좋은 숙주를 만나야 편안하게 잘 살 수 있을 것이다. 최근 과학계에서는 몸의 주인이 내가 아니라 '미생물'일 수 있다는 내용의 연구들이 자주 등장한다. 숙주 역할을 하는 사람의 행동, 성격 등이 '나의 의지'가 아니라 사실은 '미생물'의 조종을 받은 결과라는 것이다. "우리는 다른 사람의 몸에서 나는 냄새, 즉 체취를 통해 그 사람이 어떤 성격인지 파악할 수 있다." 2011년 12월 '유럽 성격 저널'에 실린 논문 내용이다.

연구팀은 남녀 각각 30명에게 면티셔츠를 3일 밤 계속 입게 했다. 그동안 향수, 데오드란트(땀냄새 제거제), 비누 등은 사용하지 못하게 했다. 이 셔츠를 회수해 남녀 각각 100명에게 나눠주고 셔츠 냄새를 맡은 뒤 당사자의 성격 특성 5가지를 평가하라고 주문했다. 그 결과 당사자들이 스스로 평가한 성격 특성 중 3가지와 들어맞는 것으로 나타났다. 외향성(사교적이고 사회적인 성향), 신경증성(불안하고 우울해하는 경향), 지배성(지도자가 되려는 욕구)이다. 하지만 이 같은 결과가 나오는 이유는 아직 밝혀지지 않았다.

여기서 관심을 끄는 것은 미생물의 역할이다. 체취는 겨드랑이에 기생하는 미생물이 땀을 분해한 성분이 주종을 이룬다. 미생물이 우리가 냄새를 통해 추정하는 타인의 성격에 직접적인 영향을 미치는 것이다. 좋은 마음을 가지면 좋은 기운을 좋아하는 균들이 생성되고 괴로운 마음을 가지면 괴로운 기운을 좋아하는 균들이 생성된다. 같은 음식재료도 어떤 사람이 어떤 마음을 가지고 만들었는지에 따라서 맛이 다르다는 것을 우리는 익히 알고 있다. 이도 역시 그 사람이 품은 여러 기운과 함께 공생하는 미생물과 연관되어 있으며, 건강도 관련되어 있으니 좋은 마음을 가져야 할 것이다.

'사촌이 논을 사면 배가 아프다.', '애가 탄다.', '애간장 녹인다.', '남의 애를 긋는다.', '애가 끓다.' 등의 표현이 있다. 여기서 애는 장(腸)을 말한다. 또 어떤 일이나 사건에 스트레스를 받거나 매우 긴장하거나 걱정할

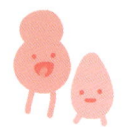

때에 아랫배에 가스가 차오르며 장이 뒤틀리고 나중에는 머리까지 아프다. 이런 이유도 장에서 만들어지는 미생물의 독소와 관련되어 있다. 마음이 편하지 못하면 음식을 먹어도 소화가 잘 되지 않고 장 속이 유해한 미생물로 인해 부패하고 그로 인한 독소가 전신으로 퍼져 나가 뇌에까지 영향을 미친다.

소화가 잘 되고 배변을 잘해 뱃속이 편하면 마음도 편하고 즐겁다. 이렇게 편안하고 안정을 찾게 하는 중요한 역할을 하는 신경전달물질 중 하나가 세로토닌이다.

20. 장내 미생물과 세로토닌

스웨덴 카롤린스카 연구소의 스벤 페터슨 박사는 '장내미생물의 세로토닌 생성에 필요한 유전자 활성 조절기능'에 관한 연구논문을 통해 체내의 미생물이 숙주의 뇌 발달과 행동에 영향을 미친다는 연구결과를 발표했다.

페터슨 박사는 "지금으로부터 20년 전, 누군가가 '위장관 세균이 뇌 기능에 영향을 미친다.'고 말했다면 사람들의 비웃음을 샀을 것이다. 그러나 지난 10년 동안 과학자들은 인간의 몸에 서식하는 세균이 알레르기로부터 시작하여 비만에 이르기까지 인체의 모든 기능에 영향을 미친다고 생각하게 되었다."라고 말한다.

미국의 신경생물학자 마이클 거슨도 뇌에서 신경을 안정시켜주는 신경전달물질인 세로토닌의 95%가 장에서 만들어진다는 사실을 발견하였다. '장(腸)은 제2의 뇌(腦)'라고 했으며, 인체 면역세포의 70%가 장에 있기 때문에 장이 건강해야 몸도 건강해지고 면역력도 강해진다고 주장하였다. 그의 저서 『제2의 뇌』는 소화기관에 신경계가 있다는 사실을 반영한 제목이다.

장 건강이 좋지 않을 경우 변비, 설사는 물론 아토피, 피부질환, 두통, 불쾌감, 불면증, 불안감, 우울감이 발생할 확률이 높다.

이처럼 장은 단순한 소화기관의 역할을 뛰어넘어 우리 몸의 전체적인 건강 밸런스를 지켜주는 중요한 기관으로 인식되고 있다. 하지만 인스턴트, 기름진 음식, 수입 밀가루 음식, 각종 패스트푸드 등에 지속적으로 노출된 장은 장내 미생물의 균형이 파괴됨에 따라 유해균이 증가한다. 이러한 유해균의 증가는 인체 면역력 약화와 행복감 감소를 유발할 가능성이 높다

장에는 인체 면역 세포의 70~80%가 모여 있기 때문에 면역력 증강을 통해 각종 면역력 저하로 발생하는 질환의 발병률을 낮추기 위해서는 장 건강을 먼저 살피는 것이 무엇보다 중요하다.

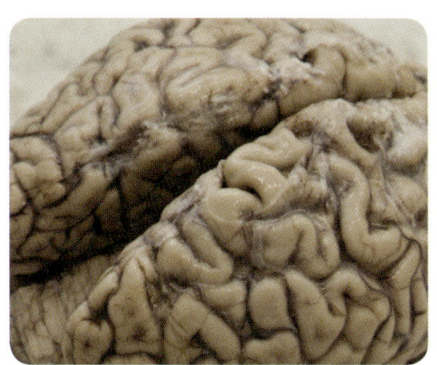 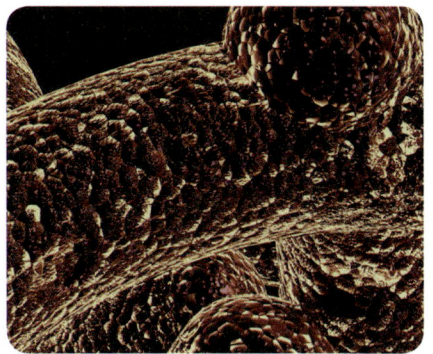

위상차 현미경으로 유인균들을 들여다보면 활동성이 제각각이다. 어떤 식료를 어느 정도 발효했는가에 따라서 나타나는 활동력도 매우 다양하다. 식료의 기질에 따라 발현하는 미생물들이 다르기 때문에 역시 먹고 사는 환경에 따라 작용한다고 본다. 총알같이 순식간에 달리는 유인균들이 있는가 하면, 그 자리에서 꼼지락거리는 유인균들도 있다. 물론 효모는 크게 움직이지 않지만 바실러스와 유산균들은 잘 움직인다.

마늘에 유인균을 넣고 발효 숙성하여 샬레(배양접시)에 배양해서 관찰했더니 너무나 잘 활동했다. 성질 급한 균은 휙휙 돌아다닌다. 마늘의 열성을 닮았다.

야채죽에 유인균을 넣어 식힌 후 냉장고에 넣었다가 다음 날 꺼내어 상온에 잠시 두었다가 유인균의 활성도를 살펴본 결과 유인균이 엄청나게 많이 불어났고 동작도 너무 빠르고 활발했다.

유인균들은 잠영도 하고 돌고래처럼 점영도 한다. 위로 올라왔다가 아래로 내려갔다가 다시 올라온다. 꼬리를 치듯 몸을 열심히 흔들면서 활발하게 활동한다.

한 유인균을 중점적으로 관찰해보자. 어디로 튈지 모른다. 생김이 비슷하여 움직임을 놓치면 다른 유인균을 또 관찰한다. 가만히 두었다가 시간이 지난 후 보면 증식이 빨라 몇 배로 불어나 있다. 이렇게 성실하고 노동의 대가도 받지 않는 유인균들이 우리의 장까지 살아서 간다면 얼마나 열심히 잘 살까? 이런 유인균들을 우리가 먹는 음식물을 통해 장까지 최대한 많이 살려 보내기 위해 오늘도 연구 중이다.

21. 유해균과 독소

우리가 아기일 때는 변의 90%가 비피더스균으로 이루어져 건강한 장을 유지할 수 있지만 이유식을 하면서 40%로 줄어들고 나이가 들어가면서 음식물의 불균형으로 10% 정도를 유지하게 된다. 만약 10% 이하로 줄어들게 되면 질병이 찾아오는 원인이 되기도 한다. 노인이 되어 갈수록 비피더스균이 줄어들어 장내 독소로 자주 아픈 원인이 된다.

장 속은 화학공장이다. 독극물을 만들어 내기도 하고 유익한 물질을 만들어 내기도 한다. 장에 유해한 미생물이 많아 가스를 발산하게 되면 장의 독소가 온몸과 뇌로 퍼져 위험의 요소가 된다. 유해균이 뿜어내는 가스는 심하게 고약한 냄새를 풍기는데, 독극물 성분으로 인돌, 스카돌, 암모니아, 메탄, 황화수소, 아민, 페놀, 벤조피렌 등이 발생한다. 거의 발암물질을 뿜어내고 있는 것이다. 만약 자연에서 이런 물질을 만든다면 우리는 숨도 쉬지 못하고 질식할 것이다. 그런데 우리 장 속에서 유해미생물들이 이런 유독가스가 만들어내고 있다고 생각해보라. 외부 환경에서 만들어 내는 것보다 더 위험하다는 것을 잘 인식하지 못한 채 병들어가는 것이다.

이처럼 장내 유해균의 비율이 높으면 모든 병의 근원이 될 수 있다. 수많은 질병 유발에 시초가 되는 장내 유해균으로 인해 가스가 온몸을 돌게 되면 면역세포가 역할을 하지 못하는 상태가 된다.

면역세포들은 하루에 10억 마리 정도 발생하는 암 바이러스를 잡고 있는데, 독가스에 취해 바이러스를 잡는 에너지가 약해지면 암 바이러스가 활성화된다. 독가스로 인해 면역계의 교란이 일어나 질병이 만연하게

될 수 있는 것이다. 좋은 기운을 가진 유인균들은 이런 독가스를 이기며 빠르게 세력을 확장하여 유해균들을 몰아낸다. 장내에 유익균이 얼마나 많이 배열되어 있는가에 따라서 현재의 건강이 결정된다.

 더욱이 암 바이러스는 아주 미미하게라도 유전된다. DNA에 의해 유전된다고도 하며, 아버지가 50대에 발현하였다면 자식도 그럴 가능성이 다분한데 관리를 잘하면 사멸할 수도 있다. 하지만 음식관리와 몸 관리를 잘하지 못하면 그대로 이어받을 수 있다.

술은 인체의 유인균을 잡는 살충제 역할을 한다. 술을 좋아하는 유해균이 힘을 받게 되며, 유인균은 술을 싫어하기 때문에 힘을 잃게 된다. 또 항생제는 유인균이나 유해균을 모두 잡아버려 순간적으로 균을 박멸하지만, 곧이어 강력한 악성 유해균은 항생제에 대한 내성을 키워 슈퍼박테리아로 부활하여 인체에 위해를 가하기 때문에 내성이 강한 슈퍼박테리아를 잡으려면 그 다음에는 더욱 독한 항생제를 투입해야 하고 이로써 인체의 면역력은 더욱 약화된다.

따라서 균을 잡는 것보다는 유익한 균이 더 많이 존재하도록 도와주는 것이 진정한 치료의 시작이 된다. 유인균들의 도움을 받아야 한다. 장내 악성 유해균의 독소가 뇌까지 올라가면 잦은 건망증과 치매, 뇌암 등을 유발하며, 장관(腸管)들과 이어진 간문맥을 통하여 간으로 독소가 흡수되고, 그로 인하여 간의 해독력이 저하되고 혈액이 오염되어 다양한 질병의 원인이 된다.

22. 인체의 자정능력

현대인들은 밀가루 음식을 많이 먹고 있다. 빵이나 국수, 칼국수, 라면 등으로 변신한 밀가루가 한 끼 식사로 대용되면서 많은 사람들의 사랑을 받고 있다. 밀가루 자체가 나쁜 것은 아니다. 모든 식료는 그 나름대로의 우수한 효능을 가지고 있는데, 문제는 유통과정과 제조과정, 보관 등에 있다.

특히 수입 밀가루에는 농약이 많이 함유되어 나쁜 균이 성해지고 좋은 균이 줄어들며 농약에 내성이 강한 유해균(슈퍼 박테리아 종)이 음식물의 섭취를 방해한다. 유인균이 우리가 섭취하는 각종 식물성 음식의 셀룰로오스를 잘라주는 것을 나쁜 균이 방해하는 것이다. 그 결과 다른 영양소의 소화·흡수에 지장을 주어 질병의 치유력을 떨어뜨리게 된다. 밀가루는 인체 자정능력(스스로 정화)을 떨어뜨릴 수 있기 때문에 치유를 위한 식이요법을 할 경우 절대 금기식품이다.

지구는 자정 능력을 가지고 있다. 나쁜 미생물에 의해 해(害)를 입지만, 스스로 정화하면서 회복된다. 마찬가지로 인체도 스스로 정화하기 위해 끊임없이 노력한다. 지구의 자정은 비바람과 눈보라, 태풍이나 열 등을 통해서 이루어지는데, 이러한 자정능력이 떨어지면 인간을 비롯한 모든 생명체는 존속할 수 없을 것이다.

하늘에 구멍이 뚫린 듯이 비가 무섭게 내리거나 눈보라가 천지를 무겁게 뒤덮거나 태풍이 온 마을을 휩쓸어 버려도 그것은 스스로를 유지하려는 자연현상의 일부이므로 겪을 수밖에 없다. 이런 일들을 덜 감당하려면 인간들이 이제 해악을 멈추고 자연을 보호

해야 한다.

지구는 자정을 위해서 약을 먹지 않는다. 스스로가 가진 에너지를 이용하여 필요한 것을 정화하는데 폭설이나 폭우, 해일, 녹조 현상 등 우리가 자연의 이상현상이라고 칭하는 일들이다. 이렇게 지구가 자정을 위해 인간으로서는 두렵고 감당하기 어려운 힘을 발휘할 때는 그럴 이유가 있는 것이다.

마찬가지로 인체도 자정을 위해 고통스러운 작업을 하는데, 이는 생존을 위한 불가피하고 절실한 행위이다. 구토, 설사, 피부발진(아토피 등), 각종 염증, 동맥경화, 고혈압, 출혈, 각종 결석류, 당뇨, 종양 등은 모두 인체 스스로 정화를 위한 작용에서 일어나는 것이기 때문에 감당해야 한다. 다양한 질병의 증상들은 유독물질과 유독가스를 배출하기 위한 인체의 피나는 노력이다.

우리의 인체에 이상이 생기거나 뱃속에서 유해균이 득세하여 독소를 뿜어내면 몸의 표현과 소리를 듣고 우리는 고통을 이겨내기 위해 약이나 수술, 운동 등 여러 가지 방법을 동원한다. 이때 좋은 유인균과 어우러지면 고통을 줄이게 된다.

만일 지구도 나쁜 미생물이 60%를 차지하면 자정능력을 잃게 된다. 지구가 포기하지 않는다면 복구를 위해 특단을 방법을 취할 수밖에 없다. 그러나 그런 일이 일어나기 전에 사용할 수 있는 방법이 미생물이다. 좋은 미생물과 식물이 지구를 살린다. 지구가 미생물을 통해 정화하는 것과 마찬가지로 유인균은 인체에 유익한 생리활성물질을 뿜어내어 인체 정화에 일조한다.

23. 유인균이 만든 폴리페놀

　폴리페놀(Polyphenol)은 식물의 광합성에 의해 생성되는 물질로 식물이 자외선, 활성산소나 포식자들로부터 자신을 보호하기 위해 만드는 식물 내 페놀성 수산기(OH) 화학물질의 총칭이다. 컬러푸드의 천연식물에 존재하는데 식물에 5,000종이 된다.

　폴리페놀은 항산화작용과 항암작용으로 질병과 노화를 예방하는 효과를 기대할 수 있다. 항산화물질인 폴리페놀이 암세포만 선택적으로 제거한다는 사실이 밝혀지면서 항암치료의 신물질로 떠오를지 주목되는 상황에서 폴리페놀이 최근 학계의 비상한 관심을 끌고 있다.

　주요 폴리페놀은 아래와 같다.

- **안토시아닌**(Anthocyanin) : 적포도와 아로니아의 떫은 맛(오디, 블루베리, 가지, 검은 콩, 자색 고구마, 검은 깨, 석류, 크린베리, 건자두)
- **레스베라트롤**(Resveratrol) : 포도, 와인, 땅콩 새싹
- **커큐민**(Curcumin) : 주로 노란색을 띠고 있다.(강황, 울금)
- **이소플라본**(Isoflavone) : 콩과 식물, 대두, 검은 콩
- **헤스페리딘**(hesperidin) : 감귤, 유자, 자몽, 오렌지, 레몬
- **카데킨**(Catechin) : 차의 쓴맛과 떫은 맛(녹차, 홍차, 아로니아)
- **탄닌**(Tannin) : 식물의 떫은 맛(감, 밤, 도토리, 레드와인)

'한국의과학연구원' 팀은 최근 인체에 유익한 균의 복합체인 '유인균' 대사산물인 폴리페놀이 암세포만을 선택적으로 죽게 한다는 항암 효능을 입증하고 '유인균'으로 폴리페놀을 섭취하면 건강에 도움이 된다고 밝혔다. 유인균의 대사산물 폴리페놀은 정상세포의 항산화시스템을 활성화하지만, 암세포가 활성 산소에 더 취약한 세포 환경을 조성한다는 것이다. 또 유인균 대사산물 폴리페놀 구조체를 분석한 결과, 항암 효과가 우수한 폴리페놀 화합물을 유인균들이 생성한다는 사실이 밝혀졌다.

유인균이 생성한 폴리페놀은 정상세포에는 유익한 역할을 하고, 암세포에서만 활성산소를 생성시켜 단백질 가공 역할을 하는 세포 내 작은 기관(소포체)에 단백질이 과잉 축적된 상태(소포체 스트레스) '단백질 열림반응' 과다 활성화로 암세포를 사멸시킨다. 강력한 항암효능과 항산화효능을 발휘하여, 각종 암(췌장암, 위암, 대장암 등) 세포를 이식한 쥐에게 유인균들이 합성한 폴리페놀을 투여한 결과 정상세포에는 독성반응이 나타나지 않았고 암 세포는 사멸하는 것을 볼 수 있었다.

천연식물에도 폴리페놀이 함유되어 있지만 유인균에 의해 생성된 폴리페놀은 항암효과 및 항산화기능이 더욱 뛰어나다. 유인균들이 만들어낸 폴리페놀을 실생활에서 직접 섭취하기는 어렵지만 유인균을 이용하여 발효음식을 만들어 먹는다면 발효식품의 천연물질에 함유한 폴리페놀과 유인균들이 합성하는 폴리페놀이 더해져서 항암은 물론 예방에 도움을 받을 수 있을 것이다. 유인균이 우점배양될 수 있도록 유인균 미생물 분말을 넣어서 발효한 발효음식을 많이 섭취하면 장내 세균총 건강과 유익균들의 항산화효능 이상의 효과를 기대할 수 있다. '유인균' 등을 통해 폴리페놀을 섭취하면 편리할 뿐만 아니라 청소나 목욕 등에도 사용할 수 있다.

24. 어제 내가 먹은 음식이 오늘의 내가 된다

　음식을 먹는다는 것은 생명을 유지하는 기본적인 수단이다. 만물은 탄생과 동시에 스스로의 처지에 맞게 생명 유지의 대사를 위해 영양 섭취를 택한다. 입만 뻐끔거리고 있는 것 같은 작은 물고기도 생명을 이어가기 위해 물속에서 스스로에게 맞는 영양소를 취하고 있다. 이처럼 생명을 가진 것은 제각기 먹고 사는 것이 정해져 있어 각자의 방식대로 생명을 이어가고 있다.

　그런데 유독 인간만은 가리는 것이 별로 없는 것 같다. 오죽하면 비행기와 책상다리 빼고 다 먹는 다는 말이 나왔을까? 복잡한 현대를 살아가는 사람들은 먹을거리에 더욱 심한 갈증을 느끼고 맛과 영양을 찾아다니는 데 많은 돈과 시간을 할애한다. 아마도 지친 허한 마음을 채우기 위한 것이 아닐까? 실제적 배고픔보다는 정신적 허기 때문일 것이다.

　아무리 배가 고파도 호랑이는 풀을 뜯지 않고, 코끼리가 고기를 먹지 않는 것처럼, 인간도 먹을 것이 정해져 있다면 세상은 어떻게 되었을까? 잡식성이라 더 심한 아귀다툼이 벌어지지 않는 것을 다행으로 여겨야 할지 모르지만, 먹을 것을 두고 벌이는 전쟁은 방식만 다를 뿐 계속되고 있는 것 같다.

　마음의 병과 함께 온갖 잘못된 먹거리로 인한 육체의 질병이 더해지니 이제 무엇에서부터 손을 대어야 할지 막막하다. 현대의학에 대한 과대평가로 인해 우리는 지나치게 의술에 의지하고 있다. 스스로 치유할 수 있는 사연치유 능력이 분명히 있는데도 아예 무시하거나 과소평가하여 제대로 발휘하지 못하고 있다.

인체가 치유를 위해 통증을 유발하면 즉각 진통제로 통증 신호를 보내는 세포를 무디게 만들어 제압해버린다. 시간이 지나 다시 회복하여 통증 신호를 보내면 또다시 진통제로 인체의 신호를 무시한다. 이런 식으로 치유능력 자체를 잃게 된 인체는 점점 무력해지는 것이다.

통하지 않으면 통증이 생기고, 통하면 통증이 생기지 않는다(不通卽痛, 通卽不痛). 자신이 앓고 있는 질병을 되짚어 가다보면 답이 나온다. 이미 질병에 걸렸다면 건강한 상태로 회복되기까지 병을 얻은 기간 이상의 고통과 절제가 필요하다. 하지만 노력에 의해 고통의 시간은 단축가능하다. 건강은 건강할 때 지켜야 한다는 너무나 당연한 말도 건강을 잃어서야 비로소 실감하는 것이 우리 현실이다.

스스로 자신의 건강을 지켜야 한다. 건강이 바로 삶이기 때문이다. 자신의 삶을 남에게 맡기지 않으려면 자신의 몸을 알아야 한다. 자기 몸의

기능을 알고 이해하고 원래 가진 능력을 회복하는 것은 정말 중요하다. 건강에 자신이 없다면 당장 먹거리부터 바꾸어야 한다.

다행히 앞으로는 인변분석으로 건강상태를 체크할 수 있고, 앞으로 생길 질병에 대비해 무엇을 어떻게 먹고 관리해야 하는지 알 수 있다. 이왕이면 내게 잘 맞는 음식을 좀 더 챙겨서 먹는다면 당연히 건강해지고, 늘 찝찝한 건강 불안증에서 벗어날 수 있을 것이다.

25. 우리의 국균을 만들자

깨끗한 자연은 우리에게 건강한 미생물을 선사한다. 자연의 미생물을 이용한 우리의 전통누룩은 쌀이나 밀을 거칠게 빻은 후 둥글납작한 모양을 만들어 누룩방에 두면 주변의 다양한 유인균들이 들어붙어 대량으로 증식되는 방법으로 만들어진다. 여기에는 다양한 균들이 혼합되어 복잡한 생태계를 이루기 때문에 다양한 미생물 작용에 의해 깊은 맛을 낼 수는 있지만, 환경이나 발효여건에 따라서 발효효율 면에서는 바람직하지 못하게 되는 경우도 있고, 맛을 제어하는 데도 어려움을 겪게 된다. 따라서 대부분의 양조장에서는 단일화된 균으로 만들어진 곡자(술밑, 술누룩)를 사용하고 있다.

또 최근 개량된장이라 불리는 것은 황국균만을 사용하여 균일하게 발효시킨 제품을 말하는데, 이는 단일균을 사용함으로써 발효효율이 높고 일정한 맛을 유지하여 산업화하는 데 우수한 특징을 가지고 있다. 하지만 산업화된 된장이나 간장 등은 단일한 맛을 내기 때문에 맛이 비슷하고 공산품의 느낌이 나 깊은 맛을 볼 수 없다는 점에서 아쉬움이 있다.

이에 반해 전통된장은 자연계에 존재하는 다양한 균류들을 활용함으로써 깊은 맛을 내면서 지역에 따라 각기 다른 맛을 내고 집집마다 특색 있는 맛을 내는 특징이 있다. 현대화와 도시화로 인한 환경적 변화로 예전의 미생물을 기대할 수 없기에 옛날 장맛을 만들어 낸다는 것은 이제 거의 불가능하게 되었다.

현재 시중에서 '전통'이라 불리는 음식들 대부분은 일본의 국균이라 불리는 황국균(Aspergillus Oryzae)에 의해 만들어진다. 이는 지금까지 우리의 균에 대해 무관심했던 것이 가장 큰 원인일 것이다. 일본은 발효공정을 산업화하면서 황국균을 이용해 자신들만의 고유의 맛을 만들었고 그것을 일본의 맛으로 세계에 각인시켰다. 하지만 안타깝게도 우리는 일본의 방식을 그대로 따라 했을 뿐 누구도 산업화 시대에 적합한 우리 고유의 맛을 만들어내기 위한 노력을 하지 않았다.

청국장보다 나토를 즐겨 먹으면서 우리의 발효 우수성을 주장한다는 것은 어불성설이다. 아무리 부인하려고 해도 현재 우리는 일본 균(미생물)의 속국이 되어가고 있다는 사실은 수긍할 수밖에 없다. 다른 것도 아닌 음식의 맛을 결정하는 장이나 우리가 자랑스러워하는 막걸리가 황국균으로 생산되는 것은 못내 불편한 사실이 아닐 수 없다.

일본은 패전 이후에도 황국균을 계속 개량하여 왔지만, 우리는 일본이 70년 전에 남기고 간 그 황국균을 그대로 사용하고 있다. 그래서인지 간장 맛은 일본을 따라가지 못한다는 푸념들이 나오고, 기꼬만간장을 사용하는 가정도 심심찮게 볼 수 있다.

어릴 적 하얀 쌀밥에 참기름과 함께 넣고 비벼 먹던 추억의 간장이 일본간장인 기꼬만간장이라면, 외국에 나가면 생각나는 따끈한 물국수에 양념한 맛깔스런 간장이 일본간장이라면 우리 입맛은 이미 오래 전에 일본 국균의 발효 맛에 길들여졌다는 얘기다.

이러한 장맛의 종속을 벗어나 우리 고유의 맛의 독립을 위해 과감한 투자와 노력이 절대적으로 필요하다. 우리 후손들이 일본의 국균에 완전히 길들여지기 전에 우리의 국균을 통해 전통발효기법이 새롭게 발전할 수 있도록 과감한 투자와 노력이 필요하다. 이는 한식의 세계화와도 밀접한 관련이 있어 간장과 된장, 고추장 등 음식의 기본재료를 어떻게 개량할 수 있느냐는 음식 맛의 깊이와 여운을 결정하는 데 매우 중요하기 때문이다. 먼 길이라 여기지 말고 지금부터라도 전통발효에 작용하는 유인균들을 활용하는 꾸준한 연구와 투자를 바탕으로 산업화가 가능한 수준으로 발전시켜야 한다. 유인균은 발효문화를 개선시키고 있다. 쉽게

다가갈 수 없고 활용하기 어려웠던 발효에 쉽게 접근하고 일상에서 활용할 수 있는 길이 분명히 있다.

예를 들어 천연식초를 만드는 과정에는 오랜 시간과 복잡한 과정이 필요하다. 알코올 발효과정을 거쳐 식초로 익어가기 위해 초산균을 불러 모으는 시간이 길기 때문인데, 이러한 연유로 일반적으로 여유롭게 천연식초를 맛보는 것은 쉽지 않다. 그러나 유인균으로 종균하여 식료를 발효하면 알코올 발효의 속도가 빠르고 유인균 내의 유산균과 초산균이 유기산을 만들어 유익한 성분으로 전환되어 인체를 이롭게 하는 발효의 최종산물인 천연식초를 어렵지 않게 만들 수 있다.

26. 유인균이 선물하는 신비의 음료!
    유인균 발효 천연식초

　발효의 최종산물이며 발효의 완성이라고 할 수 있는 것이 바로 식초다. 식초는 제조법에 따라 발효식초와 합성식초로 나뉘는데, 발효식초는 곡물이나 채소, 과일이 미생물에 의해 자연적으로 발효된 것이다. 합성식초는 화학적 방법으로 만들어진 것으로 합성초산이 가미된다. 몸에 가장 좋은 식초는 미생물에 의해 100% 자연 발효된 천연발효식초이다.

　그러나 이런 천연발효식초를 시중에서 구입하는 것은 쉽지 않다. 현재 시중에 판매되고 있는 속성 알코올 식초는 비타민과 유기산이 충분히 함유되어 있지 않기 때문에 그 효능이 떨어진다. 합성식초는 석유에서 추출한 빙초산 또는 아세트산을 물로 희석하고 여기에 아미노산이나 당류를 첨가한 것이 대부분이다. 일부 좋은 천연식료에 합성식초를 넣어 식료의 기질을 우려서 천연식초처럼 마시기도 하지만 이 경우를 천연식초라고 할 수는 없다. 천연식초는 순수 식료를 발효해서 만든 식초여야 한다. 여기서 식초가 되도록 발효에 가담하는 것이 자연에 존재하는 인체에 유익한 균들이다. 유인균은 이러한 균들을 모은 복합균의 집합체이다.

　유인균 발효식초는 각종 식료에 유인균을 종균하여 발효하기 때문에 자연 또는 천연 발효 시에 미생물을 활용하는 것에서 동일하지만 다른 점이자 강력한 장점은 시간을 단축시킨다는 것이다. 자연에서 발효식초를 만들기 위해서는 자연에 존재하는 초산균을 불러 모아 초산발효까지 가는 데 오랜 시간이 소요된다. 하지만 유인균을 종균하여 발효하면 균

1 인체와 유인균

들을 하나하나 불러 모으는 시간을 줄일 수 있기 때문에 뜻밖의 짧은 시간으로 빨리 발효시켜 알코올로 진행한 후 유산균과 초산균의 작용으로 전통발효식초와 같은 천연발효 식초를 맛볼 수 있다.

유인균(천연) 발효식초의 활용

인체는 스스로가 가진 자연치유력으로 매 순간 정화를 한다. 유인균 발효 천연식초는 유인균으로 천연식료를 발효하여 얻어지는 식초로 미생물을 활용하는 전통발효식초와 같은 맥락이다. 자주 또는 매일 유인균 발효식초를 마심으로써 인체의 자연치유력을 돕는 것이다. 세포의 세계를 보면 쉬는 것이 하나도 없을 정도로 스스로의 기능을 발휘하면서 살아간다. 하지만 삶의 여건상 어떤 조건으로 인해 힘든 일을 겪게 되면 심신이 괴로워지고 질병으로 고달파진다. 질병은 스트레스나 괴로움으로 마음의 평화가 무너지는 데서부터 시작되어 무분별한 식생활로 결정된다고 할 수 있다. 다시 말해 질병은 혈기순환의 장애로 오는 것이 대부분이다.

질병은 크게 세균성 질병과 순환기성 질병으로 나눌 수 있는데 세균성 질병은 감기, 백일해, 콜레라, 장티푸스, 결핵, 임질 등이며 현대의학에서 이러한 세균성 질병은 큰 문제가 되지 않는다. 일정기간이 지나면 대부분 순조롭게 나을 수 있기 때문이다. 하지만 세균성 질병도 화학약물을 자주 사용하면 인체에 매우 해롭다. 화학약물이나 약물을 사용한 주사는 백혈구의 기능을 점점 약하게 만들고 병원균의 내성을 키워서 갈수록 더 독한 약과 더 많은 약을 투여해도 더 악화되어 질병에서 헤어나기가 쉽지 않다.

순환기성 질병은 현대의학이 가장 무서워하는 것으로 암, 고혈압, 심근경색, 관상동맥경화, 심부전 등 심장병, 당뇨, 위장병, 두통, 탈모, 신장병, 간 질환, 신부전증, 백혈병, 혈전, 피부병, 아토피 등 피가 오염되고 혈관 내 찌꺼기가 발생하여 수많은 모세혈관을 막아서 피의 흐름을 방해하여 발생하는 병이다. 노화 또한 순환기 계통으로 오는 문제 때문이며 질병 사망자 중 95% 정도는 순환기성이고, 나머지 5%는 세균성 전염병이나 안전사고, 자살 등이다.

세균성 질병은 면역력을 강화하여 백혈구의 힘을 길러 주어야 하고, 순환기성 질병은 모세혈관을 시원하게 뚫어주어야 한다. 인체의 모세혈관 굵기는 가는 것은 약 8마이크로미터(0.008mm)로 적혈구 1개가 겨우 통과할 정도로 가늘다. 이런 모세혈관에 지방질이나 찌꺼기가 끼어 있으면 그 근처에 살고 있는 세포는 영양소를 섭취할 수 없다.

세포가 모여 조직이 되고 조직이 모여 기관이 되어 인체가 구성되므로 인체의 기본단위는 세포로서 세포건강이 인체건강의 기초가 되는데 세포 하나하나가 영양소를 필요로 하며 그 영양소는 피를 통해 공급된다. 피가 산소를 타고 인체의 구석구석으로 가야 하기 때문에 혈기 순환이 매우 중요한 것이다. 살면서 생기는 여러 요인과 잘못된 식습관 때문에 어혈이나 혈전으로 피가 엉기고 모세혈관을 통과하지 못하거나 지방질과 찌꺼기가 끼어 혈행이 순조롭지 못한 혈관을 시원하게 뻥 뚫어 주는 것이 관건인데, 그 방법 중 하나가 천연발효식초이다.

식초는 유산, 초산을 비롯하여 사과산, 호박산, 주석산, 레몬산, 구연산 등 약 60종 이상의 유기산으로 구성되어 막혀 있는 혈관을 뚫어주며, 인체에 흡수되면 균형을 잃어가는 인체를 바로잡는 데 중요한 역할을 한다.

천연발효식초는 식욕을 돋우고 소화·흡수가 용이해 신진대사에 도움이 되어 인체 스스로가 가진 자연 치유력을 강화시키고, 살균·방부 역할과 항균작용까지 있으며, 신맛으로 인해 부신피질 호르몬을 활동력과 의욕을 돋우는 호르몬 생성에 기여한다. 또한 다른 미량의 영양소, 즉 비타민이나 미네랄 등이 풍부한 식품과 함께 먹으면 미량 영양소가 파괴되는 것을 방지할 뿐만 아니라 체내의 흡수를 돕고 조직을 활성화시키는 촉매 기능도 가지고 있다. 체내에 쌓여 있는 지방을 태우는 것은 물론이며 간 기능 저하로 해독되지 않고 몸 안에 쌓이는 각종 유해 물질을 몰아내는 데도 일조한다. 과체중이나 비만은 배출되지 못한 독소로 인해 체내에 지방이 쌓이는 경우가 많은데, 살을 빼기 위해 음식량을 줄이기보다는 독소 제거가 우선되어야 건강한 인체로 거듭날 수 있다.

27. 유인균 디톡스

유인균은 발효에 관한 모든 것에 가담한다. 식탁에 오르는 음식이나 일상적으로 마시는 음료를 유인균으로 발효하여 먹으면 소화·흡수를 용이하게 하고 배설을 순조롭게 하여 체내에 독소가 쌓이지 않게 한다. 사실 어떤 것을 먹어서 살이 빠진다거나 어떤 식품이 좋다는 단정은 위험하다. 왜냐하면 어떤 식료든 식료 자체가 가진 효능이나 기능은 완벽하기 때문에 먹는 사람이 어떤 효능을 원하는지에 따라서 제대로 찾아서 먹는 것이 중요하다.

몸이 찬 사람은 냉증으로 인해 문제가 생기고, 몸이 뜨거운 사람은 열증으로 인해 문제가 생기는데, 각 증상에 앞에서 말한 혈기순환장애가 보태져 질병이 발생하는 경우가 대부분이다. 인체는 매 순간 새롭게 태어난다. 어떤 세포든 태어나면서 현재 나이와 같은 세포로 탄생하지는 않는다. 또 아프다고 해서 아픈 세포가 탄생하지도 않는다. 새로 태어나는 세포만 잘 관리해도 인체는 병에서 치유되거나 아예 병에 노출되지 않을 수 있다.

디톡스(detoxification, Detox)는 대체의학적 관점의 해독(解毒)을 뜻하는 것으로, 인체 내에 축적된 노폐물이나 독소를 빼는 개념의 제독요법을 말한다.

디톡스 요법을 통해 얻을 수 있는 효과는 많다. 인체 내 유해물질의 축적을 막아주며, 폐·신장·장과 같은 몸속 여러 장기의 기능을 활성화시켜 호흡 및 배뇨·배변활동을 돕고, 인체 최대의 장기라 불리는 피부 등

1 인체와 유인균

을 통한 노폐물의 배출을 촉진한다. 또 칼로리에 제한을 두고 실시할 경우 다이어트 효과가 커 건강 다이어트 방법으로 많이 사용된다. 서양에서는 레몬 디톡스법이, 한국에서는 장 청소와 단식이 대표적으로 시행되고 있다.

디톡스 요법은 다양하다. 단식하는 동안 물이나 단일 음식만 꾸준히 섭취하는 방법, 녹즙과 과즙에 식초를 희석시켜 마시는 방법, 유기농 과채 위주로 식사를 하는 방법 등이다. 이때 제철음식을 주로 이용하며, 비타민과 미네랄을 충분히 섭취하고 가공식품, 육류, 소금, 설탕 등을 금하는 것이 좋다.

디톡스 요법의 효과를 극대화하기 위해 음식뿐만 아니라 유해물질이 많은 주거환경을 천연마감재로 바꾸기도 하지만, 자연을 가까이 할 때 가장 효과가 좋다. 명상법이나 수행법을 통해 마음속의 분노, 짜증, 슬픔, 괴로움, 욕망 등을 다스리는 것도 넓은 의미의 디톡스라 할 수 있다.

'어떤 음식은 디톡스에만 가담하고, 어떤 음식은 영양에만 가담한다.'는 말은 옳지 않다. 모든 식료들은 상황에 따라 독소 제거와 영양 제공을 함께 하고 있는데, 독소 제거와 영양 제공에 어느 정도의 에너지를 발휘하는지가 중요하다. 먼저 제대로 된 배설이 중요하고 다음으로 소화가 잘 되어야 한다. 소화가 잘 된다는 것은 흡수도 잘 된다는 의미가 될 수 있다.

소화가 될 때 효소를 사용하게 되는데 지나친 음식 섭취는 인체효소를 과량 소모하여 대사작용에 사용할 효소를 소화작용에 사용하여 건강에 지장을 초래할 수 있다. 소화하는 데 인체효소를 덜 사용할 수 있다면 남은 그것으로 젊음을 유지하고 질병을 막는 데 사용할 수 있을 것이다. 스트레스를 받고 화를 내거나 음식을 과량 섭취하면 인체는 급한 것부터 해결해야 하기 때문에 대사·치유작용에 사용할 효소를 줄이게 된다.

그래서 아플 때도 마음관리부터 시작하는 것이다. 발효음식이란 미생물이 식료를 미리 분해하여 인체가 처음부터 감당해야 할 소화를 선 작업해 주는 과정이라고 할 수 있다. 소고기나 돼지고기 등 육고기, 생선 젓갈도 바로 먹는 것보다 숙성기간을 거치는데 그 과정이 미생물을 통한 발효라고 할 수 있고, 김치나 장아찌를 담거나 콩을 발효 숙성시켜 장류를 담가 먹는 것은 소화효소를 덜 사용하여 인체의 부담을 줄일 수 있게 된다.

2 유인균 응용 레시피

유인균 파인애플 발효액 · 유인균 파인애플 발효소스 두부 · 유인균 발효 치즈 · 유인균 바나나 발효액 · 유인균 참요거트 · 유인균 무즙 발효액 · 유인균 인삼 발효액 · 유인균 두유 치즈 · 유인균 발효 다시마 밥물 · 유인균 발효 셀러리 장아찌 · 유인균 치자 단무지 · 유인균 발효 천년초 · 유인균 발효 과일소스 · 유인균 발효 야채죽 · 유인균 발효 단호박죽 · 유인균 발효 파프리카주스 · 유인균 파프리카 드레싱 · 유인균 당근사과주스 · 유인균 우유 푸딩 · 유인균 포도 푸딩 · 유인균 발효 생강음료 · 유인균 생강차 · 유인균 고추 발효액 · 유인균 약선 과일김치 · 유인균 사과모듬장아찌 · 유인균 약선 삼색 연근 초절임 · 유인균 약선 삼색 두부 · 유인균 약선 오색 양갱 · 유인균 약선 두부찜 · 유인균 약선 오색 우묵과 우묵국수 · 유인균 인삼 발효 천연식초 · 유인균 파인애플 발효 천연식초 · 유인균 당근 발효 천연식초 · 유인균 발효 된장 · 유인균 발효 음료 · 유인균 발효 김치 · 유인균 발효 가습액 · 유인균 발효 활성액

유인균 사용의 중요 포인트

1. 유인균 사용은 kg당 2g, L당 2g을 사용한다.
   예 : 바나나 1kg – 유인균 2g   물 1L – 유인균 2g
        절인배추 1kg – 유인균 2g   무즙 1L – 유인균 2g 등등

2. 유인균을 사용할 때는 천일염과 가공하지 않은 원당(설탕-가공한 것)을 사용하고 일반 설탕, 올리고당, 조청이나 소량의 꿀을 사용한다.

3. 모든 식료는 얇게 썰거나 잘게 쪼개질수록 더 빠른 발효와 식료의 좋은 성분을 거둘 수 있다.

4. 발효할 때, 발효 용기에 식료를 너무 가득 채우지 말고, 유인균의 대사공간을 남겨 두어야 한다.

5. 발효용기는 숨 쉬는 발효용기가 좋으나 여의치 않을 경우 공간을 많이 둔다. 비닐 랩을 사용하는 경우에는 바늘로 구멍을 1~3개 정도 뚫어 유인균의 대사 가스가 빠져나갈 수 있도록 한다. 용기 뚜껑이 덮혀 있거나 용기 내 식료가 가득 차면 용기에 이산화탄소가 차게 되어 용기가 터지거나 발효액이 넘칠 우려가 있다.

6. 발효 후 발효액과 건더기를 분리할 때는 깨끗한 면이나 삼베로 된 보자기를 두 겹으로 하여 사용한다.

7. 발효는 그 장소의 온도, pH, 습도, 시간의 영향을 받으므로 원하는 맛의 강도에 따라 발효를 중단할 수 있다.

8. 적절한 온도와 습도 유지는 유인균을 편안하게 하여 잘 발효되도록 돕는다.

9. 적절한 온도를 유지하는 발효기가 있으면 좋으나 주위의 여러 가지 도구를 사용하여 발효기나 발효실을 만들 수 있다.

10. 발효할 때 유인균들은 발효하는 사람의 성품을 닮는다. 기분이 좋을 때 하는 발효와 괴로울 때 하는 발효는 맛, 향, 효능이 다르다. 행복한 마음으로 발효에 임하면 건강한 발효가 이루어진다.

11. 발효식료나 발효액이 완성되면 오랜 기간을 보관하면서 가끔씩 먹는 것보다는 즉시, 지속적으로 먹는 것이 좋다. 보관기간이 길어지면 맛과 향이 변하므로 먹는 기간을 연장하고 싶다면 끓여서 냉장고에 보관하는데, 이는 식료나 완성식품에 따라 다르다.(발효액, 술, 식초 등)

12. 세척 과정을 거치는 식료의 경우 유인균 발효 활성액으로 세척 후 사용한다.

    ※ 위와 같은 방법을 그대로 해도 집안의 온도나 습도 및 환경, 담는 사람의 특이성에 따라서 맛이나 향에 약간씩 차이가 있다.

유인균 먹는 방법
재료 물 200ml 유인균 2g
물 200ml에 유인균 2g을 넣고 저어서 마신다.

※ 물을 마실 때는 위산이 나오지 않기 때문에 물에 타서 마시면 위장을 무사히 지나 소장까지 잘 안착할 수 있다.

유인균 파인애플 발효액

파인애플	1kg
원당	100g
천일염	1/2ts
유인균	2g

1. 파인애플을 아주 얇게 썬다.
2. 썰어놓은 파인애플을 볼에 담고 유인균, 원당, 천일염을 넣어 골고루 버무린다.
3. 숨 쉬는 발효용기에 담고 따뜻한 곳에서 48시간 발효한다.
4. 발효가 끝나면 파인애플 액은 따로 담아 소스로 사용하거나 물과 희석하여 마신다.
5. 발효된 파인애플 건더기는 그냥 먹거나 샐러드를 만들어 먹는다.

발효된 파인애플 건더기를 녹즙기로 갈면 더 많은 파인애플 발효액을 만들 수 있다. 각종 음식을 만들 때 사용할 수 있으며, 특히 육고기를 잴 때 사용하면 육질이 부드럽고 맛과 향도 좋아진다.

🌿 소화의 귀재 파인애플

파인애플은 신장과 위장을 좋게 하며 맛은 달고 시다. 즙이 많고 설탕 10%, 구연산 1%가량이 들어 있으며 상쾌한 맛과 신맛, 단맛이 있다. 비타민 C는 100g 중 60mg이 들어 있다. 열매를 수확한 뒤 2~3일 후숙(後熟)하면 단맛이 강해진다. 과실 중 비타민 C가 가장 많은데, 비타민 C는 면역력 강화에 도움이 된다. 면역력이 강화되면 감기나 각종 질병을 예방할 수 있다. 파인애플에 들어 있는 구연산은 식욕을 촉진시키고 블로멜린이라고 하는 단백질 분해 효소가 함유되어 있어 육류의 소화를 돕는다. 이 블로멜린 성분으로 고기를 양념할 때 파인애플 즙을 넣으면 고기가 연하게 된다.

식이섬유가 풍부해 변비의 치료 및 예방 효능이 뛰어나며, 비타민 B_1은 신진대사를 원활하도록 도와 피로회복에 뛰어난 효능을 볼 수 있다. 파인애플에 풍부하게 들어 있는 칼륨은 우리 몸에 있는 유해한 나트륨을 배출시켜 주기 때문에 고혈압이나 동맥경화, 심혈관질환 등을 예방할 수 있다.

100g 기준으로 칼로리는 23kcal이며, 칼로리가 낮고 식이섬유가 풍부해 다이어트에 도움이 된다. 다만, 단맛이 강하기 때문에 과잉섭취는 피하는 것이 좋다. 덜 익거나 추숙(追熟 : 제때보다 일찍 수확하여 뒤에 익히는 것)이 불충분한 열매에는 많은 양의 산과 수산석회 등이 들어 있어서 먹으면 구강을 침해하며 특히 어린 아이들의 경우 피가 나는 수도 있다. 이런 과민 반응을 방지하기 위해서는 먹기 전에 소금물에 담가두면 된다. 실온에서 약간 숙성시킨 후 발효해서 먹는다면 더 효과적이다.

유인균 파인애플 발효소스 두부

두부　300g
유인균 파인애플 발효액(두부가 잠길 정도)　300ml

1　유리그릇에 두부를 넣고 유인균 파인애플 발효액을 부어 둔다.
2　냉장고에서 15일 동안 저온 발효한 후 먹는다.

- 발효가 진행되면서 탄소가 생기는데 뚜껑으로 닫아두면 압력으로 인해 뚜껑이 열리지 않을 수 있으니 랩으로 덮어 공기를 차단하고 바늘로 구멍을 한두 개 정도 뚫어 이산화탄소가 빠져나오게 해둔다.
- 15일이 지나면 두부가 미끄러운 느낌이 드는데 새콤하면서 고소하고 아주 특별한 맛이 난다. 채소 샐러드를 만들어 먹을 때 치즈와 함께 먹으면 고소한 맛이 더해져 좋다.
- 중국의 취두부가 떠올라 만들어 본 것이다. 취두부는 독한 냄새 때문에 먹기 힘들지만 유인균 파인애플 발효액에 담아본 두부는 정말 맛있었다. 단맛, 쓴맛, 고소한 맛, 신맛 등이 나는데, 취향에 따라서 시간을 조절하면 되고 냉장고에 넣어 발효해도 좋다. 콩으로 만든 두부가 발효되면서 비타민 B가 많이 생성되고 황두에는 항암물질이 있어 암 예방에도 탁월한 효과가 있다.

유인균 발효 치즈

우유	1.6L
원당(설탕)	20g
유인균	4g
천일염	1ts

1. 냉장고에서 꺼낸 찬 우유는 40℃ 정도로 미지근하게 데워서 원당과 천일염을 넣고 원당과 천일염이 녹도록 저어 준다.
2. 숨 쉬는 발효용기(2L)에 우유를 붓고 유인균을 넣어 골고루 젓는다.
3. 37℃ 정도에서 24시간을 두면 우유 덩어리와 유청이 분리된다.
4. 분리된 우유 덩어리를 만져 보아 미끌미끌하면 면보나 촘촘한 삼베 보의 위에 뜬 덩어리를 건져 놓고 유청을 내린다.
5. 위에 무거운 것을 올려 유청을 내린 후 유청이 어느 정도 빠진 치즈를 면보에 싼 채로 손으로 주물러주면 서로 밀착이 잘 된다.
6. 이렇게 만든 유인균 치즈는 냉장고에 두고 먹는다.
7. 유청은 냉장고에 두고 물과 희석하여 마신다.

- 유청과 분리된 우유 덩어리는 크림처럼 모여 있는데, 덩어리에 남은 유청을 내리지 않고 그릇에 담아 크림치즈처럼 먹으면 부드럽고 맛있다.
- 치즈 속에 쫄깃한 말린 과일을 넣어서 먹으면 맛있는 과일 치즈가 된다.
- 빵에 발라 먹거나 말려서 먹으면 영양가 높은 발효간식이 된다.
- 유청은 먹어도 좋고 세수할 때 마지막 헹굼에서 조금 넣어 사용하면 피부가 좋아진다.

유인균 바나나 발효액

바나나 껍질 벗긴 바나나	1kg
유인균	4g
천일염	1ts
조청(혹은 원당)	100g

1 바나나 껍질을 벗기고 얇게 저미거나 으깬다.
2 볼에 저민 바나나와 유인균, 천일염, 조청을 넣고 버무린다.
3 숨 쉬는 발효용기에 담고 실온에서 24시간 발효한다.(37℃의 온도에서 하면 발효액이 많이 추출된다.)
4 실온에 더 두면 신맛이 생기고 발효액도 더 많이 나온다.
5 발효된 바나나 건더기는 건져내어 따로 담고 발효액은 물에 타서 마시거나 각종 소스로 사용한다.

숨 쉬는 발효용기가 작으면 액이 넘칠 수 있으니 조심해야 한다.

🌿 **바나나가 이렇게 좋은 것이었나?**

바나나는 마음을 편하게 해주는 과일로 성질이 달고 시원하며 폐와 위에 도움이 된다. 갈증, 폐열, 마른기침에 좋고 열을 식히고 장을 미끄럽게 하여 배변에 도움을 준다. 열대과일로 몸에 열이 많은 사람에게 잘 맞는데, 몸이 찬 사람은 유인균과 조청으로 발효해서 먹거나 적당히 먹는다. 식이섬유와 펙틴이 많아서 단단한 변을 무르게 하므로 몸에 열이 많거나 대장의 열로 인해 변비가 있는 사람에게 유익하며, 콜레스테롤과 지방감소에 효과가 있다. 그러나 당과 칼로리가 높으므로 하루 섭취량은 1~3개 정도가 적당하다.

100g당 마그네슘 32mg, 칼륨은 500mg이 들어있는데, 칼륨으로 인해 뇌졸증 위험을 24%나 낮출 수 있고, 혈압조절도 해준다. 부종과 해열, 피부미용(최고의 미시지 = 바나나 + 꿀 + 유인균), 면역력 강화, 암 예방(송양제거 유전자와 박테리아에 대항하는 백혈구 숫자가 지속적으로 증가), 성호르몬에 절대적 영향을 주어 정력 증진에 탁월하며, 원기회복에도 좋다. 신문지에 싸서 실온에 보관하면 오래 보관할 수 있다.

🌿 바나나의 멜라토닌 성분은 마음을 편안하고 기분 좋게 하여 심적 고통을 경감시켜주므로 우울증에 좋다. 유인균으로 하루 정도 발효하여 말린 바나나를 가루 내어 매일 아침저녁으로 30g 정도 물에 타서 1~3주간 마시면 치질 출혈을 막을 수 있다. 바나나 유인균 발효효소를 매일 한두 차례 수일간 먹으면 오래된 해수(기침)에 효과가 있다.

유인균 참요거트

우유	1L
유인균	2g
천일염	1ts
원당(설탕)	1Ts

1. 숨 쉬는 발효용기에 우유 1L, 유인균, 천일염, 원당을 넣고 잘 저어준다.
2. 37~40℃(요구르트 제조기 온도)에서 10시간 정도 발효한다. 실온에는 더 길게 두어야 한다.
3. 발효된 유인균 요거트에 바나나, 밀감, 사과 등을 잘게 썰어 넣으면 맛있는 과일 유인균 참요거트가 된다.

- 유인균 참요거트나 치즈를 만들 때 원당이나 설탕 대신 꿀을 넣어도 좋다. 그러나 너무 많이 넣으면 꿀의 항균작용으로 발효가 더뎌진다. 취향에 맞게 과일을 넣거나 꿀이나 조청을 넣어 먹는다.
- 유인균으로 만든 홈메이드 요거트나 치즈는 건강식으로 좋다. 우유를 끓이지 않고 건강한 유산균이 가득한 유인균 치즈를 만들어 과일 등을 배합해서 먹거나 유청을 적당히 빼서 빵을 찍어 먹거나 샌드위치에 넣어 먹으면 좋다. 샐러드에도 잘 어울리는데. 분리된 유청은 냉장고에 두고 마시면 유산균 섭취와 함께 다이어트에 좋다.
- 새로운 요거트를 만들 때는 기존 유인균 참요거트를 재활용하지 말고 신선한 것으로 만들어 먹도록 한다. 계속 재활용을 이어가면 유인균의 DNA가 끊어져 균의 힘이 약해진다.

유인균 무즙 발효액

무즙	2L
유인균	4g
천일염	1ts
원당	200g

2 유인균 응용 레시피

1. 녹즙기로 무를 착즙한다. 착즙기가 없으면 믹서에 갈아 면보로 짜서 즙을 내 사용해도 된다.
2. 착즙한 무즙 500ml를 냄비에 부어 60℃로 데운 후 꿀과 천일염을 넣고 잘 섞는다.
3. 숨 쉬는 발효용기에 나머지 무즙을 붓고 데운 무즙을 섞은 뒤 유인균을 넣고 잘 저어준다.
4. 37℃에서 48시간 발효하면 맛있는 유인균 무즙 발효액이 되는데, 실온에 24시간을 더 두어 숙성한다.
5. 발효된 무즙을 냉장고에 두고 생수에 희석해 마시도록 한다.

무의 매운맛을 제거하기 위해서는 열을 가하면 되는데 이때 높은 열을 가하면 무에 있는 효소가 사라지므로 주의한다. 무는 단것이 좋다.

이뇨와 소화의 보약

무는 배추와 함께 우리나라 2대 채소로 뿌리채소 중 하나다. 무의 성질은 맵고 달고 시원하여 폐와 위에 도움이 된다. 소화불량이나 이뇨, 변비, 해수, 기침 등에도 좋다. 성분은 수분이 약 93%이며, 조단백질이 1% 정도이나 대부분이 비단백태이며, 껍질부분에 비타민 C가 많이 들어 있다. 따라서 무즙을 낼 때는 껍질을 벗기지 않는 것이 좋으며 소금을 소량 첨가하면 80%가 잔존한다.

무즙에는 아밀라아제, 글리코시타아제 등의 효소가 많은데, 특히 아밀라아제가 많아 생식하면 소화에 좋다. 소화를 돕기 위해 무를 이용한다면 생으로 먹는 것이 좋으나 미생물을 이용한 발효를 하는 것도 분자를 쪼개어 소화를 용이하게 하는 데 도움이 된다.

김치, 단무지, 국거리, 나물, 장아찌 등으로 쓰며, 말려서 무말랭이를 만들어 먹을 때도 유인균을 넣으면 맛을 한층 돋구어 준다.

유인균 인삼 발효액

인삼	200g	천일염	1ts
생수	1L	꿀	100g
유인균	6g	원당	100g

1. 생수를 냄비에 붓고 80℃로 데워 꿀과 천일염을 넣고 녹인다.
2. 믹서에 데운 꿀물을 붓고 인삼을 잘게 썰어 넣은 뒤 갈아준다. 인삼은 되도록 아주 잘게 분쇄하는 것이 좋다.
3. 숨 쉬는 발효용기에 인삼 간 것을 붓고 유인균을 넣어 저어준다.
4. 실온에서 24~48시간 발효한다.
5. 냉장고에 두고 물에 희석하거나 다른 음료에 첨가해서 마신다.
6. 사과나 바나나 등 여러 과일과 함께 믹서에 갈아 마시면 몸이 찬 사람에게 매우 좋다.

인삼 발효액과 인삼 발효 건더기를 분리해서 따로 마시거나 먹어도 되지만 그대로 두고 여러 가지 음료에 희석해서 마시는 것이 더 좋다. 샐러드를 먹을 때 소스나 드레싱을 만들 때 사용해도 좋다. 특히 몸이 냉하거나 차가운 사람은 모든 발효음료에 희석하여 마시면 몸의 온기를 유지하는 데 도움이 된다.

원기보약 인삼

인삼은 달고 쓰고 따뜻하며, 비장, 폐, 심장을 좋게 한다. 신경쇠약, 불면증, 건망증에 좋고 생화(生火)의 근원이 되는 비장과 몸의 기를 주관하는 폐를 보하며, 진액을 생해주고 갈증을 없애며 허한 것을 보하여 구급하는 등의 작용을 하며, 원기를 크게 보하는 식품이다. 모든 기허증, 비위허약, 폐기허약, 심신불안 등에 적용하며, 대량 출혈이나 토사에 의한 허탈증에도 응용할 수 있다.

허손(虛損), 음식을 잘 먹지 못할 때, 권태, 반위 구토, 대변이 무를 때, 허하여 호흡이 촉급할 때, 땀으로 인해 허탈에 빠졌을 때, 경계, 건강, 어지럼증, 두통, 발기부전, 빈뇨, 소갈, 붕루, 만경풍 등에 활용할 수 있다. 몸에 열이 많은 火, 金체질은 신중하게 선택한다.

2 유인균 응용 레시피

111

유인균 두유 치즈

대두	250g
물	1.3L
유인균	4g
천일염	2ts
원당	2Ts

1. 대두를 6~8시간 정도 충분히 불린 후 껍질을 다 벗긴다.
2. 불린 대두를 믹서에 넣고 물을 부어 아주 곱게 충분히 갈아준다.
3. 믹서에 간 콩물을 촘촘한 망에 거르고 남은 건더기에 콩물을 붓고 다시 곱게 갈아서 콩물을 많이 빼낸다.
4. 곱게 간 콩물을 냄비에 붓고 5분 정도 끓인 후 식힌다.
5. 40℃ 정도로 식힌 콩물을 숨 쉬는 발효용기에 붓고 유인균, 천일염, 원당을 넣고 저어서 37℃에서 48시간 발효하면 맛있고 영양 만점인 건강한 두유 치즈가 만들어진다.
6. 발효가 끝나면 두유건더기를 건져서 그릇에 담아 냉장 보관하고 각종 과일을 첨가하거나 양념장을 만들어 먹는다.
7. 발효하고 남은 두유액은 냉장고에 넣어 두고 수시로 마시면 유산균이 듬뿍 담긴 유인균 콩물 음료가 된다.

두부를 만들다가 생각해낸 것이 바로 두유 치즈다. 두부 만들 때 조금 남겨서 하면 좋고 평소에 두부가 소화가 잘 되지 않는 사람은 두유 치즈를 만들어 먹으면 소화도 잘 되고 콩의 훌륭한 영양소인 필수 아미노산도 취할 수 있다. 그냥 먹어도 좋으며 양념 또는 꿀을 약간 섞어 먹어도 좋다. 인삼 발효 건더기를 섞어도 맛이 좋다. 시중에 판매하는 두유를 이용해서 만들어도 된다.

2 유인균 응용 레시피

🌿 영양의 보고 대두 이야기

대두의 성미는 달고 비장과 위장, 대장을 좋게 한다. 보혈작용을 하고 위열을 제거하며 체하였거나 설사할 때, 배가 더부룩하고 음식이 들어가지 않는 증상이나 고혈압, 동맥경화, 고지혈증, 비만, 당뇨에 좋다. 영양이 부족한 사람, 건망증, 불면증, 빈혈 등에도 효과가 있다.

갱년기 여성에게는 더할 수 없이 좋은 식료다. 대두에 함유된 이소플라본이 여성호르몬인 에스트로겐과 분자 구조가 비슷하여 폐경 후 여성에게 줄어드는 에스트로겐을 대용할 수 있어 여성 건강에 매우 도움이 된다.

콩은 각종 필수 아미노산 함량에서 단연 최고이며, 단백질의 보고이기도 하다. 한참 자라는 청소년은 물론 남녀노소 모두에게 최상의 영양을 선사한다. 따라서 앞으로 대두는 수많은 발효의 중심에 자리 잡을 것으로 본다. 주의할 것은 소화가 쉽지 않기 때문에 생으로 먹거나 건조할 때 또는 한 번에 많이 먹지 않도록 한다. 발효하여 적당량을 꾸준히 먹으면 건강 유지에 많은 도움을 준다.

유인균 발효 다시마 밥물

다시마	2쪽(10×5cm)
물	2L
원당	1Ts
유인균	4g

1. 건 다시마를 먼지만 살짝 닦는다.
2. 유리병에 물 2L와 다시마를 넣고 원당과 유인균을 넣어 저어준다.
3. 24~48시간 실온에 두었다가 밥을 할 때 밥물로 사용한다.
4. 다시마 물을 다 사용하고 나면, 다시 물을 붓고 유인균을 넣어 2~3번 재사용할 수 있다.

 Tip

유인균 다시마 밥물이 끓을 때 사멸한 균체는 장내 다른 유인균의 먹이원으로 작용하여 건강에 도움이 된다. 충분히 우려낸 다시마는 채 썰어서 간장에 넣고 졸이며 마지막에 물엿으로 윤기를 주고 참기름과 통깨를 뿌려 먹으면 맛있는 반찬이 되고 변비예방에도 좋다.

한 맛 더 올리는 다시마의 효능

다시마의 성미는 짜고 시원하며 간, 비장, 신장에 도움이 된다. 뭉쳐 있는 담을 풀어주고 체내 수분을 몸 밖으로 배출하여 부종을 가라앉힌다. 특히 변비에 좋으며, 고혈압, 고지혈증, 각종 암에도 도움이 된다.

콜레스테롤 수치를 내려주고 혈액 응고, 종기, 항방사선 작용이 있다. 갑상선질환에 좋은 요오드 성분, 골다공증이나 어린아이들 성장에 도움을 주는 칼슘도 많이 함유되어 있다. 또한 다시마 추출액은 심근의 수축력을 증강시키는 강심(强心) 작용이 있다.

식이섬유의 일종인 알긴산이 많아서 변비를 해결해 주고 노폐물을 빨리 배출시키는 데 끈적끈적하기 때문에 여러 가지 발암물질을 흡착해서 장막을 자극하지 않고 배출시켜 대장암, 직장암을 예방하는 데도 좋다. 또한 칼로리가 거의 없고 혈당치를 내려주기 때문에 당뇨에도 매우 좋은 식품이다.

다시마는 글루탐산을 함유하고 있어서 구수한 맛을 내며 건조한 표면의 흰색 가루에 들어 있는 만니톨에서 단맛이 나므로 육수 낼 때 많이 사용한다. 곤포(다시마)와 해조(海藻)는 효능이 비슷하여 담을 삭이고 뭉친 것을 풀어주며, 수분을 돌리는 작용으로 각기, 부종, 수종(水腫) 등을 치료하는 데 두 가지 식재를 배합하여 응용하면 더욱 좋다.

다시마에는 머리카락의 건강을 위해 필요한 단백질과 비타민, 요오드, 아연, 유황, 철분, 칼슘 등이 많이 들어 있다. 모발 발육 촉진제인 '옥소'가 들어 있어 탈모 예방과 머리카락을 윤기 있게 가꾸는 데 도움이 된다.

유인균 치자 밥물 응용

치자열매를 우린 물에 유인균을 넣어 두었다가 밥물에 사용하면 유인균과 치자의 성분이 녹아든 노랗고 예쁜 색의 밥이 된다.

유인균 발효 셀러리 장아찌

셀러리	300g	까나리액젓	1/2컵
청양고추	200g	물	200ml
고추	100g	감식초(홈메이드)	1컵
유인균	4g	매실청	1컵
진간장	300ml	원당	2/3컵

1. 셀러리는 깨끗이 씻어 줄기부분만 1cm 길이로 잘라둔다.
2. 청양고추와 맵지 않은 고추도 깨끗이 씻어서 1cm 정도의 길이로 자른다.
3. 진간장, 까나리액젓, 물, 매실청, 원당을 함께 섞어 끓인다.
4. 위의 끓인 소스에 감식초를 붓는다.
5. 35~40℃ 정도로 식힌 후 유인균을 넣고 저어준다.
6. 열탕 소독한 유리병에 셀러리와 고추, **5**의 소스를 붓고 24시간 지난 뒤 냉장고에 넣어 두고 먹는다.

- 유인균 활성액과 물(1 : 100)의 혼합액에 셀러리와 청양고추, 고추를 20분 정도 담가 두었다가 헹궈서 자른다.
- 셀러리를 100g 정도 더 넣어도 된다. 처음엔 약간 짠듯해도 셀러리에서 수분이 빠져나와 간이 약해진다.
- 소스는 수시로 덜어내어 각종 요리에 응용하거나 육류나 구운 생선 등을 먹을 때 함께 먹어도 좋다.

향과 약성이 좋은 셀러리

셀러리의 성질은 달고 맵고 쓰고 시원하며 간과 위에 도움이 된다. 열을 식히고 간의 균형을 잡는다. 수분 보충, 해독, 지혈, 피를 시원하게 하고 혈압을 내리며 혈지방을 내린다. 어지럽고 두통이 있으며 깊이 잠이 들지 못하고 노여움이 잦은 경우, 열로 인한 두통, 고혈압, 치아통증, 눈이 충혈되고 통증이 있을 때, 황달, 소변 볼 때 통증, 소변에 피가 섞여 나올 때, 하혈, 대하, 종기의 독으로 인한 통증에 좋다.

- 달걀과 볶아 먹으면 위를 좋게 하고 혈압강하와 정신을 편하게 한다.
- 생즙을 마시면 소변을 볼 때 통증이나 혈뇨가 있는 사람에게 좋다.
- 급성 황달, 간염에 대추와 함께 끓여 먹으면 효과적이다.
- 강압강지(降壓降脂) 작용이 미나리보다 뛰어나므로 당뇨, 고지혈증, 고혈압, 동맥경화에 좋다.

미나리과 식물로 원산지는 지중해 연안지역이다. 섬유질이 풍부하고 특유의 방향 성분인 세다놀리드와 세레닌 등이 식욕을 촉진한다. 100g당 16kcal로 칼로리가 낮고 식이섬유가 풍부해 체중감량과 변비에 좋으며 혈중 콜레스테롤을 낮춘다. 쿠마린, 플라보노이드계(루테인, 베타카로틴, 제아잔틴) 등의 항산화 물질이 다량 함유되어 노화를 지연하고 암예방과 면역력을 높이며 혈소판 응집을 억제해 혈액을 맑게 하며 혈액순환을 돕는다.

비타민 A, B_2, C, K가 다른 식물보다 매우 풍부하다(비타민 A 100g/449IU). 칼륨, 나트륨, 칼슘, 망간, 마그네슘 등의 미네랄이 다양하게 함유되어 있다. 셀러리는 생으로 먹는 것이 가장 효과적이며 즙으로 마시거나 장아찌나 소스, 쌈장에 찍어 먹어도 좋다.

즙으로 마실 때는 다른 발효액을 섞어서 먹는 것이 소화를 돕는다. 성질이 차기 때문에 화를 잘 내는 사람, 얼굴이 잘 달아오르는 사람, 머리가 아프고 눈이 잘 충혈되는 사람 등 열이 많은 사람에게 좋으나 몸이 냉하고 찬 음인에게는 부적합하다. 셀러리와 새우를 함께 볶아서 먹으면 평성으로 조율된다.

유인균 치자 단무지

무(중)	2개	물	4컵
치자	6~8개	원당	1컵
천연식초	1컵	천일염	1컵
		유인균	8g

1. 무를 4등분하여 천일염으로 절여 손으로 휘어지면 건져낸다.
2. 물 한 컵을 따뜻하게 데워 치자를 잘게 잘라 넣어서 우려낸다.
3. 물 3컵을 끓이다가 원당을 넣고 녹인 후 불을 끈다.
4. **3**에 천연식초를 넣고 섞어서 무에 붓는다.
5. 치자를 충분히 우려낸 물을 망에 걸러서 **4**에 붓고 섞어준다.
6. 미지근하게 식은 것을 확인하고 유인균을 넣어 하루 두었다가 냉장고에 두고 먹는다.

- 무를 한 번 먹을 분량만큼 잘라서 만들면 간이 잘 배고 색도 곱다. 무는 맵고 달고 시원하며 폐와 위를 건강하게 도와준다. 소화를 돕고 가래를 삭이며 이뇨작용. 소화불량, 음식이 체하여 속이 그득할 때, 변비, 술독, 고혈압, 열담으로 인한 가래, 기관지, 피부염 등에 좋은 식품이다.
- 치자는 성질이 맑고 상행하므로 심, 폐, 흉격의 열을 끈다. 심경, 간경, 폐경, 위경, 삼초경에 작용하며 간담의 습열을 없애준다.

유인균 발효 천년초

천년초 잎	500g
유인균	4g
조청	100g
천일염	1ts

1 천년초의 가시를 떼어내고 깨끗이 씻은 후 물기를 닦는다.
2 천년초를 잘게 썰어 볼에 담고 유인균, 조청, 천일염을 넣어 버무린다.
3 버무린 천년초를 유리병에 담고 30~37℃에서 72시간 발효한다.
4 발효가 끝나면 냉장 보관 후 먹을 만큼 떠서 믹서에 넣고 유인균 바나나 발효액 약간과 함께 갈아서 숟가락으로 떠먹는다.

 Tip

- 천년초는 발효 시 식물 분자가 많이 분해되어 흡수력이 좋아 효능이 빠르다.
- 천년초나 알로에 등 열대식물은 수분을 많이 함유한 찬 성질의 식료다. 열이 많고 위열이 있으며, 허리나 무릎 등 관절이 부실한 사람에게 좋다. 단, 몸이 차고 냉한 체질이나 위에 한습이 많은 사람은 가급적 섭취를 피한다.

 자연치유에 소문난 천년초

천년초는 열대식물로 선인장의 성분은 병균과 싸울 수 있는 파수꾼(임파구)을 증강, 훈련시켜 자연치유력을 강화하며 피를 맑게 하고. 혈액순환에도 효과가 있다. 면역력을 증강하고 비타민 C가 240mg/100g(2.4%)으로서, 알로에 33.2mg(0.33%)보다 무려 8배나 많다. 이 외에도 무기질, 사포닌, 아미노산, 복합 다당류가 타 작물에 비해 많고 우리 몸의 치아, 뼈 구성에 필요한 칼슘이 멸치의 7배, 식이섬유는 곡물과 채소의 각각 6배와 8배, 생선 중 불포화지방산 함유량이 가장 높은 고등어의 3배, 페놀 함량은 알로에보다 5배, 플라보노이드 함량은 알로에보다 2배나 된다.

식이섬유는 장내에 들어온 발암 물질과 콜레스테롤을 흡착하여 장내에서 빠르게 빠져 나가게 하는 작용을 함으로써 소화기관 내에 암이 생길 요인을 효과적으로 예방한다. 장관 내에서 수분을 흡수하여 소변의 용적을 증대시키며, 배변까지 장관의 통과시간을 단축하고 발암물질이나 발암물질의 작용을 촉진하는 물질을 희석시켜 빠르게 체외로 배출하는 효과를 높인다.

유인균 발효 과일소스

사과	100g	양배추	100g
바나나	100g	유인균	2g
파인애플	100g	꿀	2Ts
키위	100g	물	1Ts
		천일염	1/3ts

1 믹서에 물, 키위, 바나나, 파인애플, 사과, 양배추 순으로 넣고 꿀, 천일염, 유인균을 첨가하여 갈아준다.

2 실온에 20분 정도 두었다가 샌드위치빵 사이에 넣어서 먹는다.

믹서에 재료를 넣을 때는 무른 것부터 순서대로 넣어주어야 멈추지 않고 잘 갈수 있다. 빵은 소화가 잘 안 되는 식품이지만 유인균 파인애플 소스를 뿌려 과일소스랑 먹으면 괜찮다. 유인균 과일소스가 빵을 잘 분해해서 소화가 잘 되도록 도와주기 때문이다. 과일이나 채소 등을 기호에 맞는 것으로 다양하게 택하면 위장의 부담을 덜어주면서 에너지를 보충해 줄 수 있는 간단한 아침식사로 매우 좋다.

유인균 발효 야채죽

당근	50g	양배추	100g
감자	50g	쌀	1/2컵
호박	50g	유인균 다시마 발효액	6~8컵
		유인균	4g

1. 깨끗하게 씻은 쌀을 유인균 발효 다시마액에 불린다.
2. 믹서에 다시마물을 넣고 야채를 먼저 간 다음 불린 쌀도 갈아준다.
3. 2의 야채와 쌀을 모두 슬로 쿠커에 넣고 8시간 정도 저온 보관한다.
4. 죽이 다 되면 꺼내서 40℃ 정도로 식혀 준다.
5. 식힌 죽에 유인균을 넣고 40분 정도 두면 완성된다.

슬로 쿠커가 없다면 일반적인 냄비를 사용해 죽을 끓여도 관계없다. 죽을 다 만들어 약간 식힌 후 유인균을 넣어 완전히 식혀 냉장고에 보관한다. 먹을 때는 냉장고에서 꺼내이 실온에 잠시 두었다가 먹으면 균의 활성도가 높아져 매우 양질의 유인균 야채죽을 먹을 수 있다. 냉장고에서 차갑게 식는 동안 균량이 급속하게 늘어나고 밖에 나와서도 늘어나기 때문이다.

유인균 발효 단호박죽

		쌀	1/2컵
단호박	250g	유인균	6g
감자	1개	천일염	약간
양배추	50g	물	8컵

1 단호박과 감자는 껍질을 벗겨 적당히 썰고, 양파도 함께 썰어 준다.
2 믹서에 물 3컵을 붓고 감자, 양배추, 단호박, 쌀을 넣고 갈아 준다.
3 슬로 쿠커에 **2**를 넣고 남은 물을 붓고 저은 다음 저온에서 6~8시간을 둔다.
4 죽이 다 되면 꺼내어 40℃ 정도로 식힌 후 유인균을 넣고 저어서 20분을 기다린다.
5 그릇에 죽을 담고 천일염을 약간 넣어 먹는다.

바쁜 직장인들의 아침식사로 적합한 유인균 발효 단호박죽은 위장을 좋게 하는 식품으로 차게 먹으면 단맛이 더 난다.

유인균 발효 파프리카주스

파프리카	2kg
원당	600g
유인균	6g
천일염	1ts

2 유인균 응용 레시피

1. 파프리카를 유인균 활성액에 20분 정도 담가 두었다가 헹궈서 물기를 빼고 잘게 썰어준다.
2. 볼에 파프리카를 담고 원당 200g, 유인균 4g, 천일염을 넣고 골고루 버무린다.
3. **2**를 숨 쉬는 발효용기나 공간이 넓은 유리병에 담고 그 위를 나머지 원당으로 덮은 후 다시 유인균 2g을 골고루 뿌려둔다.
4. 30℃에서 48시간이 지나면 발효액이 흠뻑 우러난다.
5. 발효액과 건더기를 분리하여 냉장고에 두고 먹는다. 물과 희석하면 맛있는 유인균 발효 파프리카주스가 된다.

냉장고에 두고 먹으면 싱싱한 파프리카 발효액을 마실 수 있다. 발효의 진행을 멈추고 싶으면 100℃로 끓여서 냉장고에 두고 마시면 좀 더 달콤한 맛을 볼 수 있다. 건더기는 다져서 쌈장이나 된장에 섞어 먹거나 샐러드에 섞어 먹어도 좋고 쫀득하게 말려서 간식으로 먹어도 좋다.

색깔마다 매력적인 효능을 가진 파프리카

요즈음은 파프리카가 많이 나와 언제든 마음만 먹으면 먹을 수 있다. 서양 고추이지만 맵지 않고 달고 상큼하며 영양소도 많다. 특히 색깔이 예쁘다.

파프리카는 레몬의 2배, 토마토의 5배, 사과 40배 이상의 비타민 C를 함유하고 있다. 파프리카는 100g당 20kcal 정도의 저칼로리 식품으로, 칼로리가 낮을 뿐만 아니라 수분도 풍부하여 소화도 잘 되며 풍부한 영양소로 인해 다이어트와 피부미용에 좋다. 파프리카를 고를 때는 색상이 선명하고 모양이 반듯하면서 꼭지 부분은 마르지 않고, 골 사이의 변색이 없고 통통한 것을 선택하도록 한다.

채소는 보통 생식하는 것이 영양소를 파괴하지 않고 먹을 수 있는 방법이지만 파프리카는 기름에 볶아도 영양소 흡수율이 높다. 파프리카는 초록색, 빨간색, 주황색, 노란색의 종류가 있는데 색깔에 따라 가진 효능도 다르다.

빨간색 파프리카 붉은색을 띄는 베타카로틴 성분이 많다. 이 성분은 신체의 노화와 질병을 일으키는 '활성산소' 생성을 예방하고 면역력 증진에도 효과적이다. 안토시아닌은 강력한 소염작용과 심장병예방과 노화방지에 좋다.

노란색 파프리카 매운맛이 덜하고 단맛이 강하다. 비타민이 풍부하기 때문에 피로회복과 스트레스 완화에 좋다. 노란색을 띠게 하는 '루테인'은 눈 건강을 개선하고 생체리듬 유지에 도움이 되며 환절기의 피로에 활력을 준다. 카로틴은 암과 심장질환 예방에 좋다. 또 '파라진'이라는 성분은 혈전이 생기는 것을 방지하여, 고혈압, 심근경색 등 혈관질환 개선에 효과적이다.

초록색 파프리카 칼로리가 가장 낮으며 철분이 풍부하여 빈혈에 좋고 다이어트에 효과적이다. 루테인과 젝시틴은 신장과 간장 기능을 촉진하고 공해물질을 해독한다.

주황색 파프리카 기미, 주근깨를 유발하는 멜라닌 색소를 제거하는 데 탁월한 효능이 있다. 때문에 피부 미백에 좋고 피부노화를 예방한다. 비타민 A, B와 인, 칼륨, 칼슘, 카로틴 등이 풍부하여 망막을 보호하고 눈의 피로를 풀어주어 눈 건강에 효과적이며, 감기 예방에도 좋다.

유인균 파프리카 드레싱

파프리카	1개 반	바나나 소스	2Ts
두부	1/4모	카놀라유	1Ts
셀러리	15g	천일염	1ts
견과류(아몬드 5개, 땅콩 12개, 호두 5개)		유인균	2g

1. 파프리카를 잘게 썰어두고 견과류도 약간 부수어 둔다.
2. 믹서에 두부, 파프리카, 셀러리, 견과류 순으로 넣고 나머지 재료도 한꺼번에 넣어 곱게 갈아준다.
3. 곱게 간 파프리카 드레싱을 볼에 담고 유인균을 넣은 다음 20분 정도 지난 후 먹는다.

- 완성된 것은 각종 야채 드레싱으로 사용할 수 있고 그냥 먹어도 훌륭한 한 끼 식사가 된다.
- 색깔별로 구분해서 만들면 갖가지 색깔을 가진 컬러 드레싱이 된다.

유인균 당근사과주스

당근	100ml
사과	50ml
셀러리	50ml
유인균	2g

1 재료를 깨끗이 씻어서 따로 녹즙기에 간다.
2 당근, 사과, 셀러리 즙을 한데 섞어 유인균을 타서 마신다.

 이왕이면 맛도 영양도 챙기는 아침주스

사과 비장, 위장, 심장을 좋게 한다. 칼륨의 함량이 높아 기름진 음식물을 먹고 난 뒤나 짠 음식을 먹고 난 후 먹으면, 과도한 나트륨을 체외로 배출시키는 작용을 하고 섬유소는 통변에 좋다. 탄닌산과 유기산은 수렴지사작용을 한다. 적은 양을 먹어도 장의 운동을 촉진하여 배변을 돕는다. 뛰어난 혈액정화제로서 변비, 간장 기능부전, 발진, 안색이 좋지 않은 사람, 빈혈이 있는 사람에게 좋다.

셀러리 철분이 많아 조혈작용을 도우며 셀러리의 메치오닌은 간의 작용을 도와 지방성 간이 되지 않게 하는 필수 아미노산이다. 셀러리 반 줄기 정도면 하루에 필요한 비타민 B_1의 1/3 이상을 섭취하게 된다.

당근 혈압, 콜레스테롤을 낮추고 강심작용이 있으며 항암, 항염작용과 수은 배출작용이 있다. 소화를 돕고 간을 윤택하게 하며 보혈작용이 있어 시력감퇴, 야맹증, 안구 건조증에 효과가 있다. 기침을 멈추게 하고 열을 내리며 해독작용이 있어서 어린이 성장발육에 좋다. 가래를 없애며, 빈혈, 영양불량, 식욕부진에 적합하고 고혈압, 고지혈증, 담 결석에도 좋다.

 유인균 과일주스로 두 마리 토끼 잡는 법

우리가 먹은 음식물의 미생물은 위장에서 분비되는 pH 1~2의 위산에 의해 분해되거나 녹는다. 위산은 물이나 과즙을 마실 때는 나오지 않는다. 때문에 과즙에 유인균을 넣어 마시면 유인균을 장까지 살려 보낼 수 있다. 영양가 높은 과즙과 유인균이 만나 장내 건강 측면에서 보면 일석이조의 효과이다.

🌿 유인균 체질 맞춤 주스

철따라 나오는 식료가 다르고 철마다 섭취해야 할 음식 따로 있다. 맛으로 분류하자면 봄에는 발산하는 간기를 다스리는 신맛, 여름에는 과도하게 활동하는 심장을 보호하는 쓴맛, 가을에는 폐장에 활력을 주는 매운맛, 겨울에는 움츠려드는 신장을 움직이게 하는 단맛으로 구성된다. 이처럼 인체의 오장육부도 태어난 시기에 따라 사람마다 그 기운이 다르다.

이왕이면 계절과 자신의 체질에 맞추어 음식을 먹고 차나 음료를 마시면 그렇지 않은 것보다 훨씬 더 건강할 조건을 만들 수 있다.

수박의 찬 성질로 인해 소화가 잘 안 되는 사람은 따뜻한 기운을 가진 복숭아를 먹는 것이 좋다.

체질은 목체질, 화체질, 금체질, 수체질로 나누어서 구분하는데, 사과는 화체질, 금체질에게는 잘 맞지만 목체질, 수체질은 다른 주스를 첨가해서 먹는 것이 좋다. 체질의 특징에 맞추어 주스를 구분하면 다음과 같다.

당근 50%를 넣고 당근 외 과채(다른 주스) 30%, 발효액 20%, 유인균 1g을 첨가한다.

● **목체질(음력 1, 2, 3월)**
당근 + 양배추 + 생강 발효액
(50%) (30%)   (20%)
당근 + 브로콜리 + 생강 발효액
당근 + 쑥 + 복숭아 발효액
당근 + 시금치 + 복숭아 발효액

● **화체질(음력 4, 5, 6월)**
당근 + 마 + 바나나 발효액
당근 + 알로에 + 바나나 발효액
당근 + 오이 + 오디 발효액
당근 + 셀러리 + 오디 발효액

● **금체질(음력 7, 8, 9월)**
당근 + 무 + 레몬 발효액
당근 + 마 + 레몬 발효액
당근 + 시금치 + 파프리카 발효액
당근 + 연근 + 파프리카 발효액

● **수체질(음력 10, 11, 12월)**
당근 + 시금치 + 인삼 발효액
당근 + 살구 + 인삼 발효액
당근 + 부추 + 매실 발효액
당근 + 복숭아 + 매실 발효액

유인균 우유 푸딩

한천가루	6g	원당	3Ts
물	200g	유인균	2g
우유	400ml	과일	적당량

1. 냄비에 물을 붓고 한천가루을 넣어 20분 정도 불린다.
2. 불린 한천을 불에 올려 저으면서 끓이다가 1~2분이 지나면 설탕을 넣고 녹인다.
3. **2**에 우유를 넣고 잘 섞으면서 저은 후 불을 끄고 썰어둔 과일을 넣는다.
4. 한 김이 나간 뒤 그릇에 붓고 유인균을 넣어 잘 섞은 후 냉장고에 넣고 굳힌다.

위와 같은 방법으로 좋아하는 과일들을 하나씩 넣어가며 다양한 종류의 푸딩을 만들 수 있다.

우유를 잘 소화하지 못한다면 유인균과 함께 섭취

우유는 그 영양성분을 굳이 나열할 필요도 없을 만큼 이미 많은 사람들이 즐겨 먹고 있다. 하지만 어떤 사람들은 우유를 잘 먹지 않는다. 소화가 잘 되지 않는다는 이유에서다. 이럴 경우 우유 대신 치즈나 요거트를 먹게 되는데, 이때 유인균을 이용하면 좋다. 유당불내증이 있는 사람들의 경우 우유를 잘 소화시키지 못하므로 유인균을 넣어 응용하여 먹거나 푸딩으로 만들어 먹으면 좋다.

유인균 포도 푸딩

한천	4g
포도즙	500ml
원당	1Ts
유인균	2g

2 유인균 응용 레시피

1 냄비에 포도즙과 한천을 넣고 불에 올려 저으면서 끓인다.
2 끓으면 원당을 넣고 1분 정도 더 끓이며 원당을 녹인다.
3 불을 끄고 한 김 식혀 그릇에 부은 후 유인균을 넣고 잘 저어준다.
4 냉장고에 두었다가 굳으면 꺼내어서 먹는다.

- 집에서 직접 짠 포도즙은 액이 진해 설탕이나 원당을 넣지 않아도 되지만 한천의 응고를 위해 소량 넣는다. 취향에 따라 원당의 양은 조절할 수 있다.
- 오렌지주스, 사과주스 등 각종 과일주스을 가지고 손쉽게 만들 수 있다. 예쁜 그릇에 담아 그대로 굳혀 아이들 간식으로 주면 무척 좋아한다.

유인균 발효 생강음료

생강	100g
꿀	200g
유인균	4g
천일염	1ts
물	1.7L

1. 생강을 껍질을 벗기지 않은 채로 깨끗하게 씻어 물 500ml를 붓고 믹서에 곱게 갈아준다.
2. 곱게 간 생강을 숨 쉬는 발효용기에 붓고 나머지 물과 꿀, 유인균, 천일염을 넣어 골고루 저어준다.
3. 30~37℃에서 72시간을 발효한 후 건더기와 발효액을 분리해서 냉장고에 넣어 두고 따뜻하게 데워 마시거나 다른 음료를 마실 때 가미해 먹는다.

Tip

- 생강 건더기는 초장을 만들거나 김치 담글 때 등 음식을 조리할 때 사용한다.
- 생강은 비위가 한습한 사람에게 성약이라 할 수 있다. 위가 찬 사람이 생선회나 게, 돼지고기 등 찬 음식을 먹었을 때, 식후 소화가 잘 안 될 때 발효액에 물을 희석하여 꿀을 타서 마시면 도움이 된다.
- 생강을 전기밥솥에 보온으로 30일간 숙성하면 검게 변하는데, 덩어리를 갈아서 유인균과 꿀에 재어 숙성시켜 먹으면 생강의 강한 약성이 순화되고 부드러워 먹기 편하다.

유인균 생강차

생강	100g
꿀	60g
유인균	6g

1 생강을 깨끗이 씻어서 얇게 저며 채로 썬다.
2 채 썬 생강에 꿀을 넣고 유인균을 넣어 버무려 실온에 둔다.
3 생강액이 나오면 냉장고에 넣어 두고 물을 따뜻하게 데워 타서 먹거나 끓여서 먹는다.

Tip

유인균 생강차는 꿀이 들어가 생강의 효능에 꿀의 효능까지 더하여 매우 강한 열성을 띠게 되므로 화체질이나 금체질 등 몸에 열이 많은 사람은 섭취를 금한다. 대신 목체질이나 수체질의 몸이 찬 사람에게는 매우 좋은 차가 된다. 유인균을 많이 넣는 이유는 꿀에 든 항균 성분에 이겨내기 위해서이다.

 생강의 효능

생강은 성질이 따뜻하고, 맛은 맵다. 비장, 위장, 폐장의 기능을 돕고 비교적 가벼운 풍한 감모(감기)에 사용하여 오한, 발열, 두통, 코막힘 등을 치료한다. 다른 약재를 보조하는 역할을 하며, 한(寒)이나 담음이 위에 정체되어 발생하는 오심, 구토를 치료하는 데 효능을 발휘하여 '구가의 성약'이라 한다.

폐를 따뜻하게 하므로, 맑은 가래가 많은 기침 증상에 효과가 있다. 생선이나 게에 의해 발생한 구토, 설사를 치료하며, 생강 껍질은 인체 수액과 기를 잘 통하게 하고 습기를 제거한다. 비장를 조화롭게 하는 성질이 있어 수종을 치료한다. 평소에 위열이 있는 사람은 많이 마시지 않는 것이 좋다.

유인균 고추 발효액

붉은 생고추	5kg
원당	2.5kg
유인균	20g
천일염	5ts

1 붉은 생고추를 깨끗이 씻어서 물기를 닦는다.

2 고추의 꼭지를 딴 후 3등분하여 자른다.

3 원당, 유인균, 천일염을 모두 섞어둔다.

4 2의 3등분한 붉은 고추에 3의 유인균, 천일염을 섞어둔 원당의 1/2을 넣고 버무린다.

5 4의 버무린 생고추를 발효용기에 꼭꼭 눌러 담고 유인균, 천일염을 섞은 나머지 원당으로 위를 덮은 후 실온에서 한 달간 발효한다.

6 5에서 고추 발효액이 나오면 고추 발효액과 건더기를 분리하여 따로 보관해 두고 각종 음식에 사용한다.

7 몸이 찬 사람은 물에 희석하여 마셔도 좋다.

Tip

약간 매운 고추를 같이 넣어서 만들면 매운 소스로 일품요리를 만들 때 좋다. 따로 매운 고추만 발효해서 섞어도 된다. 발효 건더기는 말려서 믹서에 갈아 냉장고에 넣어 두고 초장 만들 때나 고춧가루를 넣어 만들어 먹는 음식에 사용해도 좋다.

🌿 냉기를 흩어버리는 고추의 효능

1592년 우리나라에 들어온 것으로 알려진 고추는 건고추와 풋고추가 있으며, 풋고추는 비타민 A, B_1, B_2, C가 많다. 특히 비타민 C는 사과의 40배, 귤의 두 배 이상을 함유하고 있는데, 캡사이신 성분 때문에 쉽게 산화되지 않아 조리하는 동안의 손실도 적다.

건고추는 붉은 고추로 매우 광범위하게 사용되는데 김치, 고추장 외에도 육류, 채소, 소스 등 다양하게 사용된다. 고춧잎도 채소, 나물, 장아찌, 탕 등으로 다양하게 조리하여 먹는다.

고추는 성질이 뜨겁고 맛이 매워서 중안(비장, 위장)의 한기를 흩어버리고 따뜻하게 하며 습을 거두는 효능이 있어 배가 냉하면서 가스가 차고 소화불량, 식욕부진이 있거나 감기가 있을 때 먹으면 좋다. 하지만 매우 열성(熱性)이므로 열성 환자들은 많이 먹지 않도록 한다.

고추의 매운맛을 내는 캡사이신 성분이 타액선을 자극하여 침분비를 증가시켜 식욕을 촉진하고 소화 작용을 돕는다. 많이 먹게 되면 캡사이신 성분이 심장을 자극해서 맥박이 빨리 뛰게 되고 혈액 순환을 가속시켜 속을 따뜻하게 도와준다. 캡사이신은 지방이 축적되는 것을 억제하고 신열(辛熱)한 맛이 소화작용을 돕지만 너무 많이 먹으면 위염, 장염, 복사(腹瀉), 구토 등을 발생시킬 수 있다. 또한 미각 말초신경을 자극하여 반사적으로 고혈압을 일으킬 수도 있고 위통, 치창(痔瘡)을 유발할 수 있다. 위궤양, 폐결핵, 고혈압, 치통, 인후통, 눈충혈, 종양 등이 있는 경우는 먹지 않는 것이 좋다. 항암, 항균, 살충 작용을 하고 혈관을 수축하는 작용과 혈압을 높이는 작용이 있다.

유인균 약선 과일김치

배	1개	홍고추	1개	당근 중	1개
사과	1개	풋고추	5개	청양고추	3개
단감	2개	배추	1/2통	인삼	1뿌리
밤	5개	무	1/2개	잣	1Ts

[양념] 쪽파 한 줌, 다진 마늘 2Ts, 생강청 3Ts, 고춧가루 1컵, 새우젓 1Ts, 멸치액젓 1/2컵, 통깨 약간, 유인균 6g

1 모든 재료는 깨끗이 씻어 물기를 뺀다.

2 무와 배추는 2.5cm 크기로 나박 썰기 하여 각각 소금에 살짝 절인 후 물기를 뺀다.

3 인삼, 배, 사과, 단감, 당근 2.5cm 크기로 나박 썰기 하고, 청량고추는 잘게 다지고, 풋고추는 씨를 빼고 2.5cm로 썰고 쪽파는 잘 손질해 과일 재료의 길이에 맞춰 썬다.

4 깎은 밤을 얇게 썰고 홍고추는 씨를 빼 어슷하게 썬다.

5 배추와 무를 섞어 멸치 액젓, 고춧가루, 유인균을 넣어 살살 버무려 물을 들이고, 인삼과 과일, 나머지 재료에 다진 마늘과 새우젓을 추가해 다시 버무린다.

6 쪽파, 홍고추, 잣, 밤, 다진 청량고추, 생강청을 넣어 다시 살짝 버무린다. 간은 새우액젓으로 한다.

- 고추씨에는 비타민 C 등 영양소가 많으므로 버리지 말고 갈아서 양념에 넣는다.
- 김치를 담글 때도 유인균을 사용하지만 겉절이, 무침, 샐러드, 볶음, 각종 찌개 등에도 유인균을 사용하면 유인균이 음식을 분해하고 장까지 가기 위해 식료의 기질 속으로 파고 들어간다. 우리가 음식을 먹은 후 유인균이 위산을 이겨내고 무사히 장으로 가면 체내에서 발효를 하면서 활성물질을 만들어 내어 장내 건강에 크게 도움이 된다.

영양소가 풍성한 과일로 겨울 건강 만들기

봄에 간을 튼튼하게 하면 여름이 건강하고 여름에 심장을 튼튼하게 하면 가을이 건강하고 가을에 폐를 튼튼하게 하면 겨울이 건강하다. 제철에 나는 음식은 각 장기를 튼튼하게 하는 데 도움을 준다. 특히 가을에는 추운 겨울을 위한 준비가 중요하다.

가을에 수확한 과일은 연중 최고의 맛을 낸다. 가을에 나는 과일은 매우 좋은 약성을 가진 음식으로 사과, 배, 감 등이 대표적이다. 과일의 칼륨은 소금의 주성분인 나트륨을 체외로 빨리 내보내는 역할을 하므로 고혈압 등의 치료와 예방에 효과가 크다.

사과 사과의 펙틴(pectin)은 콜레스테롤을 흡착하여 혈압을 낮추고 동맥 내벽 조직에 지방이 침체되는 것을 방지하는 효과가 있으며, 섬유질이 풍부하므로 장 건강에도 매우 좋다.

배 강한 알칼리성 식품이므로 혈액을 중성으로 유지시켜 건강을 유지하는 데 효과가 있다.

감 지방이 몸속에서 합성되는 것을 억제하고 체내의 과다 지방을 분해하는 작용을 함으로써 다이어트에 도움이 되고 비타민 A, C가 풍부하게 들어 있어 바이러스에 대한 저항력을 높여주어 감기예방에도 좋다.

유인균 사과모듬장아찌

사과	3개
무	1kg
오이	3개
양파	3개
청량고추	15개

[양념] 물 2컵, 진간장 3컵, 식초 2컵, 원당 1.5컵, 천일염 1Ts, 유인균 9g

1. 사과는 4등분하여 씨를 도려내고 5mm 두께로 썰고, 무는 2×4 ×0.5cm 크기로 썬다.
2. 오이는 소금으로 문질러 깨끗이 씻은 다음 길이로 3~4등분하여 손가락 굵기로 4등분하고 가운데 씨를 발라낸다.
3. 청량고추는 액이 잘 스며들도록 포크로 여러 군데 찌르고 양파는 사과와 같은 크기로 썬다.
4. 모양을 맞춰 썬 모든 재료를 장아찌 담을 용기에 넣는다.
5. 냄비에 양념을 넣고 끓여, 뜨거운 상태로 재료 위에 골고루 붓는다.
6. 5가 식으면 유인균을 넣고 뚜껑을 덮어서 24시간 실온에 둔 다음 냉장보관하면서 먹는다.

Tip

- 양파는 반 갈라 먼저 속을 떼어내고 썰면 조각이 고르게 된다.
- 계절별로 특색 있는 식료를 사용하면 영양소를 골고루 득할 수 있다.

장아찌 이야기

우리나라 식단의 특징을 말할 때 수많은 종류의 장아찌를 빼놓을 수 없다. 세계에서 유래를 찾아볼 수 없는 고유 식품이다. 제철에 많이 나는 식품을 된장, 간장, 막장, 고추장, 소금, 식초 등으로 삭혀 먹는 저장식품이 장아찌다. 삭히는 과정에서 맛이 든 장아찌는 그대로 먹기도 하고 갖은 양념을 넣고 무쳐 먹기도 한다. 입맛이 없을 때 맛있는 장아찌 하나면 밥 한 그릇을 뚝딱 비울 수 있다.

식품의 보관이 용이하지 못 했던 시절에는 짭짤하게 간을 했으나 보관이 쉬워진 오늘날에는 굳이 짜게 담을 이유가 없다. 먹을거리가 풍성한 요즈음에는 제때 심심하게 담아 먹는 것도 좋은 방법이다.

유인균을 이용하여 담은 된장과 고추장, 간장을 사용하면 얼마 지나지 않아 맛있는 장아찌를 만들 수 있다.

유인균 약선 삼색 연근 초절임

연근	2kg
유인균	6g
비트	1/2개
시금치	100g
치자	3개

[단촛물] 물 8컵, 설탕 2컵, 천일염 12Ts, 유인균 현미식초 1컵

1. 연근은 껍질 벗겨 깨끗이 씻고 0.2cm 두께로 둥글게 썬다.
2. 옅은 식초물에 연근을 담가 전분을 뺀다.
3. 치자는 미지근한 물에 우려 노란색을 내고, 비트와 시금치는 물 1Ts씩을 넣고 각각 믹서에 갈아 면보에 걸러 즙을 만든다.
4. 끓는 물에 연근을 잠깐 데쳐 냉수에 헹궈 식혀둔다.
5. 냄비에 물, 설탕, 소금을 넣고 한소끔 끓어오르면 불을 끄고 식초를 넣어 단촛물을 만들어 식혀 둔다.
6. 식혀 놓은 연근을 3등분하고, 단촛물도 3등분으로 나누어 붓고 유인균 2g씩을 넣는다.
7. 각 그릇별로 비트즙, 치자물, 시금치즙을 담고 3등분한 연근을 각 즙에 넣어 곱게 색을 들인다.

🌿 연근 예찬

연근에 풍부하게 들어 있는 식이섬유가 장벽을 자극시켜 변비 개선에 효능이 뛰어나다. 연근에 풍부한 철분과 비타민 C 성분이 혈액의 생성을 도와줘 빈혈증상을 개선하는 데 도움이 되고 혈액순환을 개선시키고 혈액을 맑게 만들어 주기 때문에 피부의 신진대사를 원활하게 만들어 피부미용에도 도움이 된다.

탄닌 성분에는 지혈효과가 있으며 수렴효과 및 소염작용이 뛰어나고 염증을 완화시켜 위궤양이나 위염에도 좋고, 연근의 끈적한 것은 뮤신 성분인데 위의 점막을 보호해 준다.

연근을 껍질째 갈아 먹으면 기침이나 가래 제거에 도움이 되고 연근의 칼륨은 체내 나트륨의 수치를 줄여 혈압수치를 정상적으로 유지시켜 주어 고혈압 예방에 도움이 된다. 신경전달물질인 아세틸콜린을 만들어 기억력 감퇴를 막아줘 치매를 예방하는 데 도움이 된다.

유인균 약선 삼색 두부

대두(두부 네모) 1kg	들기름 약간	단호박 1/2개
물 6L	시금치 150g	유인균 8g

[천연색소 및 영양소] 깻잎, 부추, 당근, 쑥가루, 뽕잎가루, 솔잎가루
[준비물] 믹서, 냄비, 삼베보, 우유곽, 큰 그릇
[염촛물] 물 800ml, 유인균 현미식초 4큰술, 천일염 2큰술
[양념장] 유인균 2g, 간장 5Ts, 바나나 발효액 2Ts, 다진 마늘 1/2Ts, 다진 파 3Ts, 고춧가루 1/2Ts, 통깨 1/2Ts, 참기름 1/2Ts 홍고추, 청양고추 1개씩

---

1 깨끗하게 씻은 콩은 두 배 정도 되는 물에 담아 약 6시간 불린 후(겨울 12시간. 봄, 가을 8시간) 껍질을 모두 벗긴다.

2 시금치는 깨끗이 씻고, 단호박은 껍질을 깐다.

3 시금치와 물 200ml를 섞어 믹서에 갈아 베보에 거른다. 단호박도 동일하다.

4 콩 250g에 같은 분량의 물 1.3리터를 넣어 믹서에 곱게 갈아 베보자기에 붓고 물을 꼭 짜내어 비지와 콩물을 분리한 후 콩물에 시금치즙을 넣는다.

5 콩물을 중불에 올려놓고, 눌러 붙지 않도록 저어 가며 끓인다. 끓이기 전에 들기름을 조금 넣으면 콩물이 부르르 끓어서 넘치는 것을 방지하고 고소함도 더해준다.

6 중불에 놓고 한 번 끓어오르면 약불로 줄여 조금 더 끓인다.

7 불이 꺼진 상태에서 염촛물을 넣고 주걱으로 아주 천천히 약간 저어준다.(너무 많이 저으면 딱딱해진다.)

8 염촛물을 넣고 10분 뒤쯤 몽글몽글한 순두부가 만들어진다.

9 두부틀에 베보를 깔고 몽글몽글해진 두부를 담는다.

10 베보로 싸고 위에 무거운 물체나 물을 가득 담은 물통을 올려서 30분 정도 물을 뺀다.

- 흰두부 만들 때는 콩 250g에 물 1.5리터가 적당하다.
- 콩물에 염촛물을 넣고 너무 오래 저으면 두부가 딱딱해지므로 짧게 저어준다.
- 두부는 물을 오래 뺄수록 단단해진다.

유인균 약선 오색 양갱

| 백앙금 | 600g | 원당 | 50g | 밤(원당 5Ts, 천일염 1/4ts) | 10개 |
| 한천 | 20g | 천연색 물 | 약간씩 | 유인균 | 2g |

[천연 색물] 부추, 비트, 치자 5Ts씩
[황기물 끓이기] 황기 20g, 물 3L(다 끓인 양이 2L쯤 되도록 한다.)
※ 1가지 색 분량 기준이므로 오행 색 모두 만들려면 5배를 준비한다. 검은색은 팥앙금으로 한다.

1. 황기 우린 물을 500ml를 떠서 식힌 후 한천을 넣고 30분 정도 불린다.
2. 밤은 겉껍질을 벗기고 속껍질도 깨끗이 깎는다.
3. 냄비에 밤이 잠길 정도로 물을 붓고 깎은 밤과 원당 5Ts, 소금 1/4ts를 넣고 끓어오르면 뚜껑을 열고 졸인다.
4. 부추, 비트, 치자를 갈아서 색소를 만든다.
5. 불린 한천 100ml와 황기 우린 물 1/5(400ml) 분량을 섞어서 냄비에 넣어 중불에서 투명해질 때까지 저어가며 끓이다가 중간 불에서 2분 더 끓인 후, 원당 넣고 중불에 5분 더 끓이면서 쫀득하게 졸인다.
6. 팥앙금을 넣어서 부드럽게 풀어주면서 10분간 졸이다가 걸쭉해지면 삶아 둔 밤을 넣고 저어가며 5분간 더 졸인다.
7. 앙금을 굳힐 양갱 틀 속에 물을 묻힌다.
8. 졸인 팥앙금을 저어서 약간 식힌 후 유인균 2g를 넣고 조금 더 저은 후 양갱 틀에 붓고 굳힌다.
9. 나머지 황기 우린 물 3/5는 백앙금을 사용하여 색을 넣어서 사용할 양이며, 1/5은 흰색으로 색을 넣지 않는다.
10. 백앙금 1/4을 **5, 6**과 같은 방법으로 졸이고 풀어준다.
11. **4등분한 백앙금 중 1번째** 10분간 졸이다가 삶아 둔 밤을 넣고 5분간 더 졸인 후 불을 끄고 약간 식힌 다음 양갱 틀에 붓고 유인균 2g을 넣고 저은 후 굳힌다.

12 **4등분한 백앙금 중 2번째** 10분간 졸이다가 삶아 둔 밤을 넣고 5분간 졸인 후 부추액 3Ts을 넣고 색깔이 잘 들도록 저어가며 2분 더 끓인다.

13 불을 끄고 부추액 2Ts을 더 섞는다.

14 한 김 식힌 후 양갱 틀에 붓고 유인균 2g을 넣고 저은 후 굳힌다.

15 나머지 백앙금 중 3번째는 비트물, 4번째는 치자물을 넣고 10~14의 과정을 반복한다.

16 굳힌 오색 양갱을 보기 좋게 잘라서 포장한다.

- 앙금을 넣기 전 틀 속에 미리 물을 묻혀두면 나중에 앙금이 잘 떨어진다.
- 앙금을 졸일 때 부추액을 넣으면 색, 맛, 향이 더 좋아진다.
- 어려운 것 같지만 한 번만 해보면 비싼 양갱을 집에서 마음껏 즐길 수 있다.
- 당분은 취향껏 조절하고, 잘 포장해 선물하면 좋다.

유인균 호박 양갱 · 유인균 팥 양갱 · 유인균 밤 양갱

유인균 약선 두부찜

두부 2모	청량고추 2개	
인삼 1/2뿌리	전분 3Ts	비트 50g
다진 돼지고기 70g	소금 1/2Ts	시금치즙 5Ts
표고버섯 2개	유인균 4g	치자물 7Ts

[돼지고기 양념] 간장 1Ts, 설탕 1/2Ts, 마늘 1ts, 후추, 참기름 1ts, 깨소금
[양념장] 간장 5Ts, 고춧가루 1/2Ts, 설탕 1/2Ts, 마늘 1ts, 파인애플 발효액 1Ts, 참기름 1ts, 쪽파 다진 것 1Ts, 유인균 1g

---

1 두부를 면보에 싸서 힘을 주어 짜 수분을 제거한다.

2 돼지고기에 갖은 양념과 유인균 1g을 넣어 조물조물 무쳐둔다.

3 인삼, 청양고추, 표고버섯은 곱게 다져 준비한다.

4 비트는 믹서에 곱게 갈아 면보에 걸러 즙을 받고, 건더기도 따로 둔다.

5 물기 짠 두부를 3등분하여 시금치즙, 치자물, 비트는 즙과 건더기를 조금 넣어 3색으로 각각 주물러 예쁜 색깔을 만든다. 유인균을 1g씩 넣는다.

6 두부에 인삼을, 시금치 색 두부에는 청양고추, 돼지고기 1/2 분량을 넣고, 치자색 두부는 표고버섯과 돼지고기 남은 것을 넣어 한 번 더 주무른다.

7 6에 전분 1Ts씩 넣어 준다.

8 찜그릇에 참기름을 조금 바르고 초록색, 빨간색, 노란색 3단으로 담아, 김이 오르는 찜통에 넣고 20분 정도 푹 쪄낸다.

9 충분히 식힌 다음 찜 그릇에서 꺼내 준비된 접시에 두부를 예쁘게 썰어 담아 양념장을 곁들인다.

유인균 약선 오색 우묵과 우묵국수

우뭇가사리	60g
황기 우린 물	3L
부추	100g

[황기 우린 물] 황기 30g + 물 3.5L(끓인 후 3L쯤 되도록 한다.)
[천연색 낼 재료] 부추즙 2Ts, 비트즙 3Ts, 치자 우린 물 3Ts, 오징어 먹물 2Ts, 유인균 5g
[양념장] 홍파프리카 1/2개, 양파 1/2개, 풋고추 1개, 진간장 3Ts, 국간장 1Ts, 고춧가루 1Ts, 다진 마늘 1/2Ts, 바나나 발효액 1Ts, 매실청 1Ts, 통깨 1Ts, 참기름 1Ts, 유인균 1g

1 마른 우뭇가사리를 찬물에 4시간 이상 불려서 손바닥으로 비벼 깨끗이 씻는다.

2 천연색깔을 준비하여 유인균 1g(1/2ts)씩을 섞어둔다.

3 냄비에 우뭇가사리와 황기 우린 물을 넣고 센 불에서 끓어오르면 약한 불에서 저으며 끓인다. **3** 형태가 뭉그러지면, 손으로 만져 끈적임이 없을 때 불을 끈다.(약 1시간 20분 정도)

4 체에 밭쳐(건더기는 따로 보관) 그릇 5개에 나누어 붓고(각 300mL 정도) 색깔별로 즙을 섞어 굳힌다.

5 파프리카, 양파, 풋고추는 잘게 다져, 준비한 양념과 유인균을 잘 섞어 양념장을 만든다.

6 부추는 적당한 길이로 썰어 준비한다.

7 넓은 접시에 부추를 깔고 오색 우묵을 적당한 크기로 잘라서 양념장을 끼얹어 먹는다.

유인균 묵을 묵국수 틀에 잘라 콩국에 넣어도 되고 국수로 해서 양념을 넣어 먹는다.

유인균 인삼 발효 천연식초

뇌두를 제거한 수삼 300g	꿀 100g
유인균 6g	원당 200g
천일염 1ts	생수 900ml

1 인삼 뇌두(잎이 자라는 인삼의 윗부분)를 잘라내고 깨끗하게 씻어 아주 잘게 잘라준다.

2 자른 인삼을 믹서에 넣고 생수 500ml를 부은 다음 입자가 아주 잘게 분해되도록 갈아준다.

3 물 500ml를 데워서 꿀과 원당, 천일염을 녹인다.

4 숨 쉬는 발효용기에 3의 녹인 꿀물을 붓고 남은 생수를 다 부은 후 유인균을 넣고 저어준다.

5 온도 30~37℃에서 21~30일간 발효한 후 인삼주가 되면 일주일 더 숙성시켰다가 건더기와 인삼주를 분리한다.

6 분리한 인삼주에 공기가 출입할 수 있는 식초 발효 덮개로 뚜껑을 바꾸어 주고 매일 저어주게 되면 신맛이 나기 시작하면서 식초로 익어간다.

7 분리한 건더기는 실온에서 더 발효시켜 신맛이 들면 냉장고에 넣어두고 과일즙이나 야채즙을 갈아서 마실 때 섞어 마시도록 한다.

비닐 같은 얇은 막(젤라틴 막)이 생기면 걷어낸다.

식초의 효능

인체의 혈관은 동맥과 정맥이 모세혈관으로 이어져 혈류를 교환하는데, 영양소와 산소를 싣고 다니며 모든 세포를 먹여 살리고 있다. 생활습관이나 음식습관, 기타 정신적 변화 등으로 인해 모세혈관이 막히고 질병이 발생하게 되는데, 막힌 모세혈관을 뚫어주어 혈류를 통하게 하는 데는 발효액과 발효음식이 매우 유익한 역할을 한다. 그중에서도 으뜸인 것은 천연발효식초인데, 천연발효식초는 막혀 있는 모세혈관을 뚫어주는 데 탁월한 효능이 있다.

유인균 파인애플 발효 천연식초

파인애플	1.2kg
원당	150g
유인균	6g
천일염	1ts

1. 파인애플 껍질을 벗기고 블렌더에 생수 50ml정도와 함께 넣고 곱게 갈아준다.
2. 볼에 **1**을 붓고 원당과 유인균, 천일염을 넣고 손으로 주물러서 섞은 후 발효병에 담는다.
3. 30~37℃에서 21~30일 동안 발효하면 파인애플주가 된다.
4. 맛을 보아서 파인애플주가 된 것을 확인하고 건더기와 술을 분리한다.
5. 분리한 파인애플주에 공기가 출입할 수 있는 식초 발효 덮개로 뚜껑을 바꾸어 주고 매일 저어주게 되면 신맛이 나기 시작하면서 식초로 익어간다.

술(알코올)이 제대로 만들어지지 않으면 식초가 잘 안 될 수 있으니 술이 잘 되었는지 확인하는 것이 중요 포인트다. 한 번에 많이 만들어 두고 실온에 보관하면 발효식초로 숙성하면서 익어간다. 오래될수록 진하고 맛있는 식초가 된다. 이렇게 만든 파인애플 식초는 수입산 발사믹 식초 못지않은 훌륭한 맛을 선사한다. 소화가 안 되어 더부룩할 때나 체기가 있는 경우 물에 희석하여 마시면 좋다.

유인균 당근 발효 천연식초

당근즙	1L
원당	160g
유인균	4g
천일염	1ts

1 녹즙기로 당근을 갈아 즙을 낸다.
2 당근즙을 숨 쉬는 유리용기에 붓고 원당과 천일염을 넣어 저어준다.
3 30~37℃의 온도에 21~30일간 두면 유인균 당근 발효주(알코올)가 된다.
4 맛을 보아서 당근주가 된 것을 확인하고 건더기와 술을 분리한다.
5 분리한 당근주에 공기가 출입할 수 있는 식초 발효 덮개로 뚜껑을 바꾸어 주고 매일 저어주게 되면 신맛이 나기 시작하면서 식초로 익어간다.
6 매일 저어주면 초막이 생기지 않지만 혹시 생긴다면 저어서 막을 열어 공기가 들어가도록 해야 맛있는 식초가 된다.
7 완성된 식초는 실온에 두고 물에 희석하여 마신다.

과일이나 채소와 같은 식물 즙을 발효에 이용할 때는 반드시 숨 쉬는 발효용기를 사용하거나 용기에 공기구멍을 뚫어야 한다. 발효 시 유인균 미생물의 활성작용으로 이산화탄소가 배출되는데, 특히 식물 즙은 영양소가 우수하고, 미생물의 먹이가 많아 발효 속도가 매우 빠르다. 공기가 통하지 않는 용기를 사용할 경우 용기가 터지거나 발효액이 흘러넘칠 수 있다.

유인균 발효 된장

푹 삶은 대두(메주콩)	10kg
유인균	30g

1 12시간 불린 대두를 4시간 정도 뭉근히 삶은 후 뜸을 푹 들인다.

2 익힌 대두를 그릇에 담고 찧는다.

3 메주콩이 어느 정도 으깨어지면 유인균을 넣고 골고루 퍼지도록 한 번 더 치대 준다.

4 잘 치대진 대두를 도마 위에 두드려가면서 각지게 모양을 다듬는다.

5 다듬은 메주는 일주일 정도 말린 다음 36℃ 정도 되는 따뜻한 곳에 두어 15일 정도 발효시키면 유인균이 퍼지면서 예쁜 오색의 균들이 퍼진다.

6 메주마다 중앙에 진한 곶감 진액 같은 것이 나와 잘 띄워지면 한참 띄워질 때 나던 구수하던 향이 더 이상 나지 않는데, 발효가 다 끝난 것이다.

7 잘 말린 메주로 장을 담글 때 메주를 물로 씻으면 좋은 미생물 유인균이 씻겨져 버리므로 깨끗하게 잘 보관하였다가 씻지 말고 마른행주로 먼지만 제거하고 장을 담근다.

- 삶은 메주콩을 빻을 때는 도깨비 방망이를 이용하면 잘 된다. 비닐에 담아서 몇 겹으로 덮어 발로 밟기도 하는데, 찝찝하면 손으로 빨래 치대듯 뭉개어도 된다.
- 메주를 다듬을 때 나무 도마를 놓고 위에서 던지듯이 두드려가며 매만지면 반듯한 메주가 만들어진다.
- 유인균을 사용하면 짚이 없어도 된다. 유인균에 고초균이 가득하기 때문에 처음부터 건강한 유인균이 장악한다. 잘 띄운 메주는 오색곰팡이가 피기도 한다.

- 요즈음은 메주를 말릴 때 나이론 스타킹이나 양파망 같은데 넣어서 말리는데 바람직한 방법이 아니다. 짚으로 엮으면 좋겠지만 없으면, 엉성한 소쿠리에 담고 돌려가면서 말리면 된다.
- 된장, 고추장, 막장, 쌈장 등 모든 장을 담글 때 유인균을 활용한다.
- 된장이나 간장 위에 하얀 막이 형성되는 것은 유인균들이 자신들이 식구를 보호하기 위하여 방어막을 형성하는 것이다. 산화를 유발하는 호기성균이 침입하지 못하도록 막을 치고 자신들의 자리를 굳히기 위해서 위와 아래를 분리하는 현상이므로 막을 거두어 버리지 말고 살짝 걷어서 된장, 간장 등을 뜨고 가만히 도로 덮어두는 것이 좋다. 막을 다 걷어내 버리면 균들은 다시 막을 만드는 노동을 해야 한다.

🌿 메주에 사랑의 고초균을 넣자

요즘은 가정에서 메주를 쑤는 일이 흔하지 않다. 다른 곳에 맡기거나 이미 만들어진 메주로 된장과 간장을 담기도 하고 아예 사먹는 경우도 많다. 하지만 이것은 자신의 소중한 마음과 자신의 균이 아닌 다른 사람의 균을 받는 것이다.

사랑하는 가족이 일 년 내내 먹어야 할 양념장을 직접 담아서 먹는 것은 온 가족의 건강을 지키는 최우선 작업이다. 일손이 부족한 옛날보다 오히려 집에서 정성스레 담은 된장을 먹어보기 힘든 것은 아이러니이다.

이제는 돌아가야 한다. 엄마의 정성을 고스란히 담아 하얀 고초균이 꽃처럼 곱게 핀 메주를 보면 가슴이 따뜻해진다. 유인균은 옛날에 맛난 된장을 만드는 비법을 가진 종갓집에서 얻어서 만드는 씨된장이나 씨간장 같은 종균이다. 이제 씨된장이나 씨간장을 얻으러 가지 않아도 우리 집에서 맛있는 종갓집 된장, 간장, 막장, 고추장을 맛볼 수 있다.

유인균 발효 음료

생수	1.5L
원당	200g
유인균	6g
과일류	300g

1 과일을 준비한다.(껍질째 넣어도 되는 것은 껍질 사용)
2 씨가 있는 과일은 씨를 제거하고 아주 얇게 저미듯이 썰어둔다.
3 생수 500ml를 미지근하게 데워 원당을 녹인다.
4 녹인 원당을 발효병에 담고 나머지 생수를 부어 섞는다.
5 **4**의 물에 유인균을 넣고 저어준다.
6 **5**에 원하는 과일을 넣고 30~37℃에서 24시간 발효한다.
7 **6**의 유인균 발효 음료를 냉장고에 넣어두고 마신다.
8 유인균 발효 식초를 가미해서 마시면 더욱 상큼한 맛을 느낄 수 있다.

Tip

- 하루에 물 1.8L를 마시면 건강에 좋지만 맹물만 마시는 것보다는 과일 발효수를 마시는 것이 미네랄 흡수 면에서 더 유익하다(오디, 키위, 복숭아, 자두, 대추, 귤, 레몬, 유자, 모과, 사과, 배, 감, 포도, 수박, 참외, 딸기, 매실, 복분자, 바나나, 파인애플, 토마토 등).
- 발효수만 마시고 싶다면 발효 후에 건더기를 분리해 냉장고에 두고 마신다.
- 각종 과일류를 미리 유인균 활성액에 담갔다 사용한다. 과일류를 사용할 때 얇게 썰어서 활용해도 좋지만 믹서에 갈아서 넣는 것이 보다 효과적이다. 과일을 갈아 넣으면 발효가 더 잘되어 영양성분 흡수율을 높일 수 있다. 하지만 발효액이 맑지 않으니 취향대로 하면 된다.
- 과일의 종류에 따라서 넘치는 경우가 있으니 잘 살펴보아야 한다.
- 유인균이 발효하는 과정에 투입된 당류가 당영양소로 전환되는데, 앞에서 설명하였기 때문에 여기서는 생략한다.

유인균 발효 김치

배추	1포기(2.5~3kg)
양념장	1kg
유인균	8g

1. 절인 배추 1kg당 유인균 2g을 넣는데 배추와 양념장을 합하면 식료의 양이 많아지므로 배추 무게와 양념장 무게에 맞추어 유인균을 넣는다.

    예) 1포기의 절인 배추가 3kg이고 양념이 1kg이 들어간다면 합계 4kg이 되므로 유인균은 8g을 넣어준다.

2. 유인균을 새 김치에 넣어주면 건강한 유인균이 김치를 선점하여 다른 잡균이 생성하는 것을 막아내고 쉬 무르지 않고 늘 아삭하고 맛있는 유인균 발효 김치를 맛볼 수 있다.

- 배추김치, 무김치, 물김치 등 모든 김치류에 유인균을 넣으면 한층 더 맛깔스럽고 아삭한 김치를 먹을 수 있다.
- 배추김치 담글 때는 유인균을 양념장에 넣어준다.

유인균 발효 가습액

레몬	2개
유인균	4g
원당	2Ts
천일염	1ts
생수	1L

1. 레몬을 유인균 활성액에 20분 동안 담갔다가 헹궈서 믹서에 갈 수 있는 크기로 썰어준다.
2. 믹서에 물 500ml와 썰어놓은 레몬을 넣고 아주 곱게 갈아준다.
3. 숨 쉬는 발효용기에 믹서에 간 레몬액과 나머지 물을 붓고 유인균, 원당, 천일염을 넣고 저어준다.
4. 온도 37℃에서 48시간 발효한다.
5. 발효가 끝나면 레몬 발효액과 건더기를 분리하여 레몬 발효액을 일반 유리병에 담아 냉장고에 넣어 가습액을 만든다.
6. 가습액은 레몬 발효액과 물의 비율을 1 : 10으로 하여 사용한다.

- 가습액은 허브, 박하, 당귀 등 향이 좋은 다양한 재료를 위와 같이 발효하여 사용할 수 있다. 재료 비율은 물 1L당 100g으로 하고 매일 새로운 액으로 갈아서 사용한다.
- 향을 더 좋게 하려면 재료를 미지근한 물에 우려서 발효액과 생수와 함께 희석하여 사용해도 좋다. (발효액 1 : 우려낸 물 1 : 생수 10)
- 발효한 가습기용 발효 원액으로만 가습기에 사용하지 않는 것이 좋다. 꼭 생수와 희석해서 사용하도록 한다.
- 새집으로 이사를 할 경우 원액과 생수를 1 : 1로 사용하여 가습기를 돌리고 실내에 머물지 않는다. 이사 가기 전에 미리 가습기를 돌리고 하루쯤 비워 두었다가 유인균들이 자리를 잡고 난 뒤에 창문을 열어 공기를 교체하고 입주한다. 부연 연기 중에 유인균이 엄청난 숫자로 머물기 때문에 너무 많이 마시면 사람에 따라 균 몸살을 앓는 경우도 있지만 무해하다.
- 가습원액과 생수의 비율은 1 : 10에서 생수의 희서 비율을 상황에 따라 늘려도 된다.

🌿 폐와 교감하는 가습액

겨울철에는 수기(水氣)가 지하로 들어가 지상에는 건조함만 감돈다. 그 건조함으로 인해 지상에는 항상 수분이 부족하다. 가습액은 난방으로 인해 더욱 건조해진 실내의 공기를 촉촉하게 해주고 향도 그윽하게 만들어 준다. 가습기에서 나오는 수증기는 공기 중에 머물면서 호흡기를 통해 바로 폐로 들어가는데 공기 중에도 수많은 미생물이 떠 다닌다. 이를 유인균으로 대체하는 것도 좋은 방법이다. 먹는 것이 중요한 것처럼 인체로 바로 흡수되는 것도 중요하다. 먹어도 되는 가습액을 만들어 사용하면 건강에 매우 좋다.

유인균 발효 활성액

쌀뜨물	2L
원당	2Ts
유인균	4g
천일염	1ts
허브	약간

1 쌀뜨물을 미지근하게 데워서 유인균, 원당, 천일염을 넣고 저어준다.
2 2.4L의 숨 쉬는 유리병에 데운 쌀뜨물을 붓는다.
3 30~37℃에 72시간 두면 유인균 발효 활성액이 완성된다.
4 실온에서는 10일 정도 소요된다.
5 숨 쉬는 발효용기가 없어 페트병이나 일반 병으로 할 때는 하루에 한 번 뚜껑을 열어 가스를 배출하거나 뚜껑에 바늘구멍 2~3개를 뚫어 준다.

- 실온의 경우 여름에는 1주일, 겨울에는 10일 정도가 기준이며 가스가 거의 나오지 않고 냄새가 시큼하고 향긋하게 되면 완성된 것으로 본다.
- 쌀뜨물 활성액을 만들 때는 유인균을 적절하게 넣어야 한다. 너무 많이 넣어도 별로 소용이 없고 적게 넣으면 활성도가 줄어 향이 나빠진다.
- 물과 희석한 발효액 또는 원액은 되도록 빨리 사용한다.
- 쌀뜨물로 발효할 때 박하, 허브, 계피 등을 넣어 향을 좋게 한다.
- 쌀뜨물 대신 밀가루, 현미가루로 대체 가능하며, 원당 대신 설탕을 사용해도 된다.
- 허브 대신 레몬 한 개 정도를 썰어 넣어도 향긋하다.

활성액의 다양한 사용법

설거지나 과일 씻을 때(일반세제 2 : 활성액 8)
- 개수대에 그릇을 담고 유인균 발효액을 일정량 넣어 20분 정도 지난 다음 씻으면 그릇의 살균 소독은 물론 세제의 양도 줄일 수 있다. 거품은 잘 일어나지 않으나 깨끗하게 세척된다. 세제의 사용이 70%나 절약되면서 배수구의 역한 냄새까지도 없앨 수 있다. 싱크대 하수관 주위에 끼어 있는 검은 곰팡이가 없어져 깨끗해진다.
- 과일이나 채소를 세척할 때는 유인균 활성액 : 물(1 : 9)로 하여 30분 정도 담가 두었다가 행구면 농약이나 화학비료 등 식물에 묻은 다이옥신의 잔류 독성을 중화시켜주고 채소나 과일의 항산화 물질을 증가시켜준다.
- 싱크대의 하수관이 막혔을 때도 독성이 강한 세제를 쓰지 말고 유인균을 활용하면 하수관 속에 붙어 있는 이물질이 분해되어 하수관이 잘 막히지 않는다. 아파트의 같은 라인 아래 층은 유인균의 역할이 활성화된다.

행주나 도마 외 찌든 때 제기
- 행주와 도마는 유해균의 온상이다. 유인균 희석액을 분무기에 넣어서 도마 사용 후에 뿌려주면 유해균을 제거할 수 있다. 설거지를 끝낸 후 행주를 희석액에 담가 놓으면 삶지 않아도 냄새 없이 깨끗하게 사용할 수 있다.
- 찌든 때가 있는 곳은 키친타월에 활성원액을 묻혀 덮어 두었다가 닦으면 찌든 때를 제거할 수 있다.
- 프라이팬이나 기름기 많은 그릇에 유인균 활성액이 섞인 주방세제나 희석액을 써서 닦으면 기름기가 쉽게 제거된다.

화장실이나 베란다 및 집 안 청소
- 화장실 바닥이나 욕조에 유인균 활성액을 뿌려두면 곰팡이가 잘 끼지 않는다.
- 베란다의 바닥이나 구석진 곳에도 유인균 활성 희석액을 뿌리면 깨끗하다.
- 변기 청소에도 활성액을 사용하면 좋다.
- 거실 바닥이나 방바닥을 닦을 때도 유인균 레몬 활성액을 희석하여 사용하면 깨끗하고 향긋함이 집안에 감돈다.
- 집안에 유인균이 머물도록 구석구석 사용하면 잡균 퇴치에 많은 도움이 된다.

3

유인균 경험 사례

지금 몸이 좋지 않다면 사흘 전부터 먹은 음식이 무엇인지 살펴보자. 어떤 음식을 먹느냐에 따라 건강이 좋아질 수도, 나빠질 수도 있다. 어제 먹은 음식이 오늘의 육신으로 거듭나고 오늘 먹은 음식으로 내일의 건강을 가늠할 수 있다. 유인균으로 발효한 음식은 장 건강을 지켜주는 파수꾼의 역할을 톡톡히 한다.

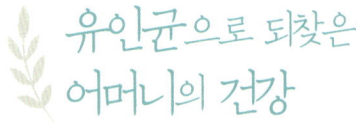
유인균으로 되찾은 어머니의 건강

이승윤

    오전에 막내 여동생으로부터 다급한 전화를 받았다. 지금 어머니가 배가 아주 많이 아프고 최근 1~2주간 변을 제대로 못 보고 계셨다며 어서 와달라는 내용이었다.

    올해 74세인 어머님은 작년에 대장암 수술을 하셨고, 고령에 8차 항암 치료까지 받다 보니 몸 상태가 말이 아니었다. 그 연세에 버티고 계시는 것 자체가 놀라울 뿐이었다.

    8곡 생식을 중심으로 여러 대체의학을 연구하던 나는 어머니의 수술 직후 프랑스로 3달 동안의 건강 순회강연을 떠나야 했다. 1년 전부터 약속되었던 프로그램이라 도저히 연기나 포기가 어려웠다.

    여러 가지 우수한 자연치유요법들을 어머님께 말씀드렸지만 평소에 기본적인 의사소통이 드물다보니 이러한 긴박한 상황에서는 이런 대화도 쉽지 않음을 알게 되었다. 중이 제 머리 못 깎는다는 말을 생각하며 자책감이 들었다.

    급하게 어머니께로 가면서 여동생과 대화를 나눠보니 복부 통증은 점점 더 심해졌고 여차하면 도착 전에 응급실로 가야 할 상황처럼 보였다. 경험상 만성 질환과 급성 질환은 일단 이해와 접근법에서 많은 차이점이 있고, 눈앞의 고통과 통증 및 그 원인들을 제한된 시간에 해결해야 하니 긴장감도 상당히 높다. 도착해서 본 어머니의 상태는 변을 못 봐서 배는 부르고 복통 때문에 많이 힘들어 하셨다. 기혈의 순환을 위한 기본 조치를 취하고 잠시 어떤 추가 방식을 선택할지 생각했다. 어머니 뱃속은 아직도 전쟁 상태다. 이건 출산의 고통과 다름없다. 응급실이라도 빨리 데려가라고 난리시다. 짧은 시간 안에 답을 찾아내야 하는 그 순간 '토요일 주말에 응급실 가봐야 뻔한데…'

나는 다시 한 번 더 고민을 했다. 어머니 집에는 발효기도 없고, 그냥 음식에 넣어 드시라고 유인균 한 통 드린 것밖에 없는 상황이었다. 나는 유인균을 가지고 체내를 발효통으로 해서 '유인균 폭탄'을 만들어 보자는 다소 엉뚱한 생각이 들었다. 사실 긴박한 상황에서 갑자기 이런 생각을 하는 스스로에게 "너 미쳤냐?"라는 소리가 나왔다. 하지만 어찌겠는가, 딱히 방도가 없는데.

한번 해보자는 쪽으로 마음을 굳히고 '유인균 폭탄'의 제조를 위한 소재를 찾았다. 체질과 증상에 맞춰 배로 정하고, 동네 슈퍼에서 급히 배 6개를 사다가 믹서로 갈고, 소금, 설탕, 유인균을 섞어 마시도록 했다. 그리고 뜸 요법을 이용해서 인체 내부의 온도를 높였다. 발효조건을 내부, 외부에서 맞춘 셈이다. 그리고 조용히 유인균 폭탄이 터지는 순간을 기다렸다. 그닥 기대도 안 하셨던 어머니는 이미 병원을 가려고 맘을 굳히신 것 같았다. 그런데 한 20~30분 지났을 무렵, 드디어 신호가 오기 시작했다. 가스가 몇 차례 나오더니 급하게 화장실에 가고 싶다고 하신다. 이렇게 3, 4차례 변을 보시고는 "이제 살았다."라고 하시면서 아들 때문에 산 것 같다고, 고마워하셨다. 긴박했던 위기감은 사라지고 나와 유인균 천연 발효식초에 대한 신뢰감이 생기신 것이다.

그동안 여러 번 유인균으로 보살펴 드렸지만 이번처럼 촌각을 다투는 경우는 아니었기에 이번 일로 신뢰도가 급상승하신 것이다. 어머님은 매우 급한 성격으로 화(火) 체질이다. 이참에 녹두로 만든 식초를 계속 드시라고 권했다. 맛이 좋다고 하시며 이젠 아주 열심히 드신다. 이후로 통화를 할 때마다 목소리에 힘이 느껴진다. 몸 상태가 많이 좋아지신 것이다. 요즘에는 건강 때문에 한동안 못 나가셨던 복지관에 나가시는데, 오랜만에 보는 분들이 모두 얼굴을 못 알아볼 정도로 얼굴이 좋아졌다는 말씀을 하신다고 한다.

얼마 전에는 8곡 생식을 권해드렸더니 열심히 드신다. 그 일 이후로 가족들 모두 유인균 천연 발효식초를 꾸준히 마시고 있다.

우리나라의 전통적인 발효 문화에 첨단 기술을 활용해 만든 '유인균'과 대자연의 기운과 인간의 상관관계를 명확하게 구분해 놓은 '한국사주의학'의 결합은 한국의, 더 나아가 인류의 '고부가가치 자산'임에 분명하다. 그래서 언젠가는 인류의 건강에 큰 기여를 할 것이다. 이런 꿈을 가지고 나는 지금도 프랑스 지인들과 이런 경험들을 바탕으로 유인균을 소개하고 직접 발효해서 먹도록 안내하고 있다. 내년 말 즈음에는 더 발전된 방식으로 현지에서 활동을 해볼 계획이다.

난치성 질환에서의 해방

정영애

나는 오래전부터 알레르기 체질로 고생을 해왔다. 알레르기 종류도 다양해서 헤아려 보기조차 어려울 정도다. 일반인들은 아마 이런 사람도 있나 싶을 만큼 난치성 피부질환인 건선, 알코올 알레르기, 만성 두드러기, 수박, 순대, 찹쌀, 멜론, 멍게, 대나무, 찹쌀, 주꾸미, 낙지, 돼지고기 알레르기 등을 갖고 있다.

건선

건선으로 15년 정도 고생했는데 전국의 이름 난 병원은 거의 다 다녀봤고, 심지어 건선전문 한의원에서 40만 원짜리 한약을 15개월 동안 먹어보기도 했지만 소용이 없었다. 병원에서는 평생 달고 가야 할 병이니 친구처럼 지내야 한다고 했다.

대나무 알레르기

가장 힘든 것은 대나무 알레르기였다. 나도 모르게 대나무를 잡거나 대나무자리에 앉기라도 하면 영락없이 입이 오른쪽으로 돌아가곤 했다. 그중에서도 황당한 일은 택시를 탈 때이다. 택시 문을 열었을 때 대나무 자리가 깔려 있으면 "기사님, 죄송합니다."라는 말을 남기고 얼른 문을 닫아버린다. 영문을 모르는 택시 기사들은 "왜 그러느냐?"라고 묻거나 욕을 하는 경우도 가끔 있다. 지인들조차 나를 이해하지 못한다. 네가 의식적으로 대나무를 생각해서 그런 것이니 신경 쓰지 말라고 하지만 내 사정은 그게 아니다.

단순한 알레르기가 아니고 입이 돌아가는 구안와사풍이 바로 발생하기 때문이다. 더 난감한 것은 장례식장에 갔을 때이다. 대나무자리에 엎드려 절을 하고 나면 입이 귀 있는 데까지 돌아가니 보는 사람들이 더 놀란다. 나는 나대로 그런 모습을 남들에게 보이는 것이 스트레스이기 때문에 장례식장에 가면 상주에게 "제가 대나무 알레르기가 있어서 결례를 범할 수밖에 없으니 양해를 바란다."고 하고 자리 밑에서 절을 하곤 했다.

찹쌀 알레르기

내가 찹쌀 알레르기가 있다고 하면 사람들은 믿지 못한다. 그런 알레르기가 어디 있느냐는 것이다. 어느 날 친구 집에 놀러 갔는데(그 친구는 내가 찹쌀 알레르기가 있는 줄 안다.) 된장찌개를 먹게 되었다. 된장찌개를 먹자 갑자기 온몸에 두드러기가 났다. "얘, 이거 혹시 찹쌀 들어간 거 아니니?" 라고 묻자 시어머님이 주신 된장이라며 바로 어머님께 전화를 걸었다. 시어머님은 찹쌀이 들어갔다고 하셨단다. 이렇듯 내가 의식을 하든 하지 않든 내 몸의 세포는 기억을 하고 있다가 나를 괴롭혔다.

나는 겨울에 태어난 냉한(水) 체질이다. 유인균을 알게 된 이후로 천연 발효식초를 만들어 먹으면서 위의 갖가지 알레르기 증상이 치유되었다. 최근에 지인과 죽순 발효한 것을 시음한 적이 있는데 갑자기 입이 움직이지 않았다. 냉성인 죽순을 강력하게 발효했음에도 말이다. 다행히 열성인 인삼 발효한 걸 마셨더니 증상이 바로 완화되었다. 건조했던 피부도 많이 촉촉해지고 고지혈증도 정상이 되었다. 아직 몇 가지 증상이 남아 있기는 하지만 치유되어 가는 과정임을 믿고 계속 내 몸을 살피면서 관리 중이다. 이 모든 것에 감사하게 생각하고 있다.

3 유인균 경험 사례

나도 이제 아침형 인간

이선혜

나는 늘 아침형 인간이 부러웠다.

어떻게 하면 아침에 개운하게 일어날 수 있을까? '좀 일찍 자면 일찍 일어나기가 수월하겠지'라는 생각에 초저녁에 자보기도 했으나, 여전히 다음날 개운하게 일어나지지는 않았다. 자도 자도 잠이 부족하고, 잠을 잘 때도 깊이 잠들지 못하여 숙면을 취할 수 없는 데다가 내용도 알 수 없는 꿈을 많이 꾸는 일이 많아 자고 일어나면 늘 몸이 무거웠다.

이러다 보니 휴일이면 허리가 아플 정도로 자는 경우가 많았다. 주부로서 모처럼 휴일에라도 가족들 식사를 챙겨야 한다는 생각에 얼른 일어나야지 생각하지만 생각일 뿐 몸은 천근만근이었다. 가족들 식사 차리는 일만 없다면 종일 침대에서 일어나고 싶지 않은 날들의 연속이었다.

이런 상태가 계속되다 보니 게으르고 의지박약한 사람인 것 같아 마음도 불편하고 자존감도 낮아졌다. 그런 날들의 연속이 날 너무 힘들게 하였고 하루의 시작이 늘어지니 마감도 가벼운 날이 별로 없었다.

그러던 중 어느 날 너무나도 가뿐하게 아침 일찍 일어나는 경험을 하였다. 어머나! 이게 무슨 일이지? 내가 아침에 이렇게 기분 좋게 일어나다니! 너무 신기했다.

몸이 깃털처럼 가벼웠을 뿐 아니라 그날 하루 종일 아무 이유도 없이 기분이 마냥 좋았다. 세상 모든 것이 아름답게 보이고 또 모든 것을 다 포용할 수 있을 것 같은 마음이었다. 이상하다, 이런 일이 없었는데…, 어떻게 된 일일까?

'아하! 내 몸에서 세로토닌 호르몬이 분비되었구나. 세로토닌을 행복호르몬이라고 한다더니 정말 그렇구나'라는 생각이 들었다. 이유는 한 달 전부터 듣기 시작한 유인균 발효 건강강좌에서 유인균으로 음식을 발효해서 먹게 되면 소화가 잘되고 영양소 흡수도 잘되며, 특히 장내 세균총이 인간에게 유익한 유인균으로 형성되어 장내 환경이 좋아지고, 그 결과 장내 유익한 미생물이 행복 호르몬인 세로토닌의 분비를 활성화하여 장이 건강해진다고 한 내용이 떠올랐기 때문이다.

특별히 아픈 곳은 없지만 늘 지친 상태여서 직장을 그만두고 몇 달간 휴식을 취하다가 부산진구청 평생학습관 프로그램 중 유인균 발효에 대한 강좌가 있어 신청했던 것이다.

오전에는 유인균 발효 건강강좌에서 유인균에 대해서 배우고, 오후에는 유인균 발효 요리강좌에서 직접 유인균을 넣어 발효한 음식을 만들어 먹었다. 안내 책자에 소개된 응용 레시피를 보고 우유발효를 해보았고 바나나 등 각종 과일도 발효해 먹었다.

유인균으로 음식을 발효하여 먹은 것 외에는 그동안의 생활과 다른 점이 없었으므로 내 몸의 변화는 유인균으로 발효하여 먹은 음식 때문이었다는 것이 확실했다. 그 이후 나는 유인균으로 거의 모든 음식을 발효하기에 이르렀고 발효음식을 먹고 난 후부터 그동안 나를 괴롭히던 아침 기상이 더 이상 힘들지 않았다.

그뿐인가? 유인균으로 발효한 음식을 먹으면서부터 아침에 일어나면 발이 퉁퉁 부어 바닥에 딛기가 힘들었는데 그것 또한 없어졌고, 아침마다 긴장되던 화장실에서의 볼일도 이제는 여유롭게 해결되었다. 뱃살도 줄어들었으며, 기분 나쁘게 머물던 두통도 어느 순간 사라졌고, 푸석해진 피부가 부드럽고 윤택해졌으며, 얼굴과 몸의 피부색도 밝아졌고, 거울만 보면 낭패감이 들던 눈 밑의 지방살도 줄어들면서 탄력이 생겼다. 여러 가지 변화 중에서도 가장 반가운 것은 마법의 통증이 사라졌다는 것이다. 여자이기 때문에 당연하다고 생각한 생리통 때문에 너무나 힘들어서 짜증스럽고 두렵기까지 하였는데 유인균 발효음식을 먹으면서 신기하게도 생리통에서 자유로워졌다. 남편도 평소 소화가 잘 되지 않았고, 그 때문에 구취가 있어 곤란했었는데, 소화가 잘 되면서 자연스레 구취도 없어졌다.

나는 이제 유인균으로 활성액을 만들어 여러 모로 활용한다. 유인균 활성액으로 설거지를 하면 그릇들이 뽀드득 잘 닦인다. 액에 레몬을 넣어 화장실 바닥이나 벽에 뿌려두면 물이끼나 곰팡이도 끼지 않아 좋다. 세탁할 때도 세제 사용을 줄일 수 있고, 세탁조도 곰팡이 냄새 없이 깔끔하며 세탁물의 때도 잘 벗겨져 무척 만족스럽다.

이렇게 유인균을 사용하면서 여러 가지로 너무 좋아 자연스레 지인들에게 소개를 하는데, 사용해 본 많은 분들이 좋은 변화를 경험하였다고 알려왔다. 유인균을 만나기 전과 이후의 나의 가장 큰 변화 중에서 가장 의미있는 것은 삶에 대한 나의 태도이다. 이전의 나는 늘 피로에 젖어 있었고 그로 인하여 건강염려증, 불안, 우울을 앓고 있었는데 이제는 그런 막연한 불안에서 벗어나 오늘 먹은 음식이 내일의 나를 만든다는 것을 알기에 앞으로의 삶이 건강하리라는 희망을 갖게 된 것이다.

요즘은 유인균으로 천연발효식초를 만들어 먹고 있다. 자연이 준 신비한 물, 식초를 이렇게 유인균으로 쉽게 만들어 먹을 수 있다니! 너무나 감사한 일이다. "식(食)이 운명을 바꾼다."는 말이 있다. 유인균으로 발효한 음식을 먹고 그 효과를 톡톡히 본 나로서는 크게 고개가 끄덕여진다. 자동차를 움직이려면 연료뿐 아니라 키도 필요하고, 운전자도 필요하다. 그러나 배터리가 방전되었다면 자동차는 움직일 수 없다. 유인균으로 발효한 음식은 나에게 늘 충전된 천연배터리다. 자동차도 언젠가 폐차가 되듯이 내 몸 또한 그때가 올 것이다. 하지만 내 몸이 움직이는 그 순간까지 내 몸을 이루고 있는 모든 것에 유인균으로 발효한 충전된 천연배터리를 주고 싶다.

유인균으로 되찾은 아이들의 건강

김나영

유인균발효교실에서 공부하고 있는 막내이자 어린 세 아들을 둔 김나영입니다.

요즘 건강 관련 프로그램이 정말 많습니다. 방송에서 한번 좋다고 하면 너도나도 그것을 구입해서 먹습니다. 물론 저도 그랬습니다. 건강에 관심이 많았으니까요. 제대로 된 정보와 체질에 맞는 건강 관리법을 배우고 싶어 2014년 10월부터 강의를 듣게 되었습니다.

강의를 들으면서 알게 된 유인균은 정말 많은 변화를 가져다 주었습니다.

유인균 발효음식을 먹고부터 저희 가족들 모두가 건강해졌기에 보다 많은 분들이 '유인균'에 대해 알았으면 하는 마음에서 이 글을 쓰게 되었습니다. 아직 아는 바가 부족하지만, 유인균 발효 음식을 계속 먹으면서 내 몸으로 좋은 변화를 느끼고 체험하였기에 그것을 나누어 드리고 싶은 것입니다.

수업을 처음 듣는 날 솔직히 깜짝 놀랐습니다. 강의실에 오신 분들 중 70% 이상이 50~70대 어르신들이었습니다. 건강은 건강할 때 지켜야 하는데, 다들 발등에 불이 떨어져서야 해결책을 찾는 것 같았습니다.

　가족의 건강은 똑똑한 엄마의 정성이 담긴 밥상에서부터 시작됩니다. 저에게는 10살, 7살, 5살 된 아들이 있습니다.

　첫째는 태교할 때부터 3살까지 좋은 공기와 자연을 많이 접해서 그런지 몸속에 좋은 미생물들도 많은 것 같고, 아주 건강합니다. 6세까지 집에서 보육을 해서 별다른 문제도 없었고, 10년 동안 아픈 적이 거의 없습니다.

　둘째는 5세부터 유치원을 보냈는데, 찬바람만 불면 기침 감기를 달고 살았습니다. 병원에서는 천식기가 있다고 하였습니다.

　유인균발효교실에서 공부하다 보니 아이들의 체질에 대해서 공부하게 되었는데, 무는 폐장과 위장에 좋고 천식과 기침에 효과적이며 무즙을 유인균으로 발효해서 먹으면 더 좋다는 사실을 알게 되었습니다. 그때부터 무를 껍질째 녹즙기로 즙을 내어 유인균으로 발효시켜서 꾸준히 먹였습니다. 처음에는 아는 것이 별로 없어 무즙만 발효해서 음료처럼 아침, 저녁으로 꾸준히 먹였습니다.

약이 아니라 음식이어서 즉시 천식이 멈추진 않았지만, 시간이 갈수록 기침이 잦아들면서 서서히 좋아지는 것이 확실히 보였습니다. 3개월 정도 지나자 기침은 물론이고 감기도 일절 걸리지 않았습니다.

다른 발효음식도 병행했더라면 더 빨리 나아졌을 것이라는 아쉬움이 있지만 그래도 다행이라 여깁니다. 지금은 완전히 괜찮아졌습니다. 기침을 잡는 순간 '아! 역시 음식으로 몸을 다스려야 하는구나'라는 생각을 절실히 하게 되었습니다.

우유를 좋아하지 않는 둘째 아이에게는 생우유 그대로보다는 유인균으로 발효한 유인균 요거트와 유인균 치즈를 아침 대용으로 먹였습니다. 좋아하는 견과류, 과일 등에 바나나 식초, 사과식초를 만들고 남은 건지도 섞어서 먹이면 아주 좋아합니다. 바쁠 때는 당근, 사과, 시금치, 셀러리 등을 녹즙기에 갈아 유인균을 넣어서 줍니다. 이제는 아이들이 스스로 넣어 먹습니다. 또 녹즙을 갈고 남은 건더기는 유인균을 넣고 계란말이나, 어묵 등을 만들어서 반찬으로 활용했습니다. 버릴 것이 없습니다. 여름에 태어나 몸에 열이 많고 시원한 과일과 채소를 좋아하는 둘째에게는 이외에도 유인균 파인애플 발효액, 자두 발효액, 오미자 발효액 등도 만들어서 섞어 먹이고 있습니다.

셋째는 생후 20개월부터 어린이집에 보냈는데, 1년 중 여름 한 달 정도 빼고 늘 코감기를 달고 있었고 결국 중이염이 되었습니다. 보통의 젊은 엄마들이 그러하듯 저도 소아과 이비인후과를 열심히 다니며 항생제를 많이 먹였습니다. 그때는 다른 방법을 알지 못해 아프면 병원부터 데리고 갔습니다. 솔직히 아이가 아프면 엄마가 제일 힘듭니다. 병원에 가면 기본은 항생제 처방입니다. 시간이 지날수록 항생제 양과 복용기간이 늘어나고, 약 먹을 때만 잠시 괜찮았다가 약기운이 떨어지면 또 기침과 콧물이 시작됩니다.

셋째의 경우 항생제 부작용으로 편도비대가 발생하자 병원에서는 아데노이드 제거 수술까지 권했습니다. 4살밖에 되지 않은 아이가 수술해야 한다고 하니 걱정이 태산 같았습니다. 부비동으로 콧속이 부어 숨을 못 쉬니 밤새 입을 벌리고 자게 되고 이로 인해 입이 마르고 열이 나고 마른기침을 그치지 않았습니다. 도저히 안 되겠다 싶어서 이것저것 찾아보다가 유인균 발효음식을 알게 되었는데, 지금 생각해보니 그것이 제게는 행운이었습니다.

유인균발효교실 수업을 들으면서 많은 정보를 얻게 되었고, 충격적인 사실을 알게 되었습니다. 항생제를 과용하게 되면 장속의 유익한 미생물들이 살기 어렵게 된다고 합니다. 항생제는 유익균, 유해균 할 것 없이 다 없애기 때문에 면역저하에 내성만 강화됩니다. 아이가 밤에 열이 나

고 아프면 보통은 병원에 데리고 갑니다. 약을 먹이고 주사 맞혀야 안심을 합니다. 하지만 우리 몸은 스스로 질병을 치유하기 위해 몸에 열을 내고, 피부에 반응을 보이는 것이라고 합니다. 따라서 근원을 찾아 다스려야 합니다. 이처럼 우리 몸에 대해 조금씩 알면서부터 근원적인 힘을 길러주는 것이 증세를 없애는 것보다 중요하다는 생각으로 많이 뛰어 놀게 하고 유익한 발효음식으로 건강을 기르는 데 집중하고 있습니다.

셋째가 특히 좋아하는 간식은 유인균 발효 대추 말린 것인데, 대추씨를 도려내고 유인균을 살짝 뿌려 하루 정도 두었다가 45℃ 정도에서 건조기로 서서히 말려 줍니다. 바삭한 식감과 달콤함 때문에 일반 과자보다 더 좋아합니다. 유인균 발효 무즙을 콧구멍에 살짝 뿌려주고, 유인균으로 천일염을 발효시켜 양치 후 입안을 헹구게 합니다. 유인균 활성액을 목욕물에 넣어 목욕하고, 박하를 발효시켜 족욕을 시키기도 합니다. 더덕식초, 무식초, 배식초, 바나나식초를 물에 희석해서 먹이고, 컨디션이 좋지 않아 보이면 잠자기 전에 식초를 넉넉하게 생수에 희석하여 마시게 합니다. 늘 달고 다니던 감기 증상이 거의 없어졌습니다.

우리 집은 이제 반찬에 거의 유인균을 넣어서 만들어 먹고 설탕 대신 매실액이나 자두 등의 발효액을 활용합니다. 최근 식초 수업을 들은 이후로는 유인균 천연발효식초를 만들어, 물에 희석해 먹기도 하고, 반찬 양념으로 사용합니다. 몸에 좋다고 이것저것 마구 많이 먹는 것보다, 몇 가지를 정해서 꾸준히 먹는 것이 더 중요한 것 같습니다. 아이들도 이제 유인균 발효음식에 적응이 되었는지 유인균으로 만든 청국장도 바실러스균이 진득하게 나오는 것이 꼭 피자 같다면서 잘 먹습니다.

특히 아이들 입맛에 맞춘 한천과 우유로 만든 우유푸딩은 간식으로 아주 좋아합니다. 한천은 장운동에 도움이 되어 변비를 없애주는데 유인균으로 발효시켜 먹으니 이래저래 이득입니다. 저희 가족은 이제 유인균 마니아가 되어 거의 모든 음식에 넣어먹거나 발효시켜 먹습니다. 아이들도 좀 피곤하고 기침이 난다 싶으면 먼저 "엄마 무 식초 주세요."라고 하는 것 보면 어린 아이들도 몸으로 느끼나 봅니다. 억지로 먹이는 것보다 아이들이 잘 먹는 재료와 제철 음식을 잘 활용하는 것이 좋다고 생각합니다. 또한 엄마 아빠가 즐겨 먹으면 자연적으로 아이들도 잘 먹습니다.

아이들 모두 건강해진 요즘 어느 때보다 행복합니다. 저의 좋은 경험을 나눌 수 있는 기회를 주셔서 고맙습니다.

건강의 새로운 발견 – 내 몸의 변화

전유진

오랜 직장생활로 인해 몸이 서서히 병들어 가고 있었으나 음식을 할 줄 모르는 나는 거의 모든 끼니를 밖에서 해결하였다. 라면, 패스트 푸드, 튀김, 삼겹살 등이 주로 먹는 음식이었다. 게다가 직장에서 받는 스트레스를 더 이상 견디지 못할 정도가 되었고, 이제 몸이 원하는 것을 마음이 허락해야 할 때라 생각하여 과감하게 명예퇴직을 했다.

집에서 쉬게 되자 그동안 내 몸 속에 숨어 있던 병들이 하나둘씩 나타나기 시작했다.

왼쪽 귀가 가려워서 솜방망이를 자주 사용하다 보니 진물이 나고 귓볼이 헐어 병원 치료를 받았고, 허리와 목의 디스크, 고혈압, 치질 등 온갖 질병이 드러나기 시작했다. 그중에서도 치질은 심각하여 어느 날은 피까지 쏟을 정도였다. 그럼에도 병원에 가는 것이 두렵고 귀찮아 차일피일 미루었다.

그때즘 친구의 권유로 유인균 발효음식과 약선요리를 배우게 되었는데, 이후로 유인균 발효 요리교실, 건강교실, 자연발효식초 전문가 교육과정을 통해 발효음식에 대해 배우면서 발효음식과 발효식초를 먹게 되었다. 그리고 언제 그랬는지 모르게 나를 괴롭히던 온갖 질병들이 나아지고 있음을 느끼게 되었다. 피부색이 맑아지면서 높았던 혈압도 정상을 되찾았고, 변이나 방귀에서도 독한 냄새가 나지 않으면서 치질도 자연스레 치유되었다.

이제 그동안 내가 배운 지식들을 지인들에게 전해주고, 발효음식을 만들어 나누어 먹으면서 주위 사람들도 좋은 변화를 체험하니 직접 치즈를 만들고, 식초를 만드는 등 건강한 삶을 위한 좋은 변화가 일어나고 있다.

유인균의
위대한 효능

김남희

여러분은 아주 맛있게 잘 차려진 밥상을 받고 고민해 보신 적이 있는지요? 저는 소화기능이 매우 약해 한번에 많은 양의 음식들을 먹지 못했습니다. 세 가지 이상의 반찬을 한자리에서 먹지 못했습니다. 잘 체하고, 복부 팽만으로 속은 더부룩하고, 다른 일을 할 수 없을 정도로 팔 다리에 힘이 빠진 채 무기력한 생활을 했습니다.

그러다보니, "사또 곰배 상을 차려도 소용없다."는 어머니의 걱정 어린 잔소리를 들어야 했고, 결국 병원 신세를 한 번 진 이후로는 먹을거리에 여간 신경이 쓰이는 게 아니었습니다.

한 가지씩 먹어보고 배가 아프지 않으면 기억해두었다가 계속 챙겨 먹는 걸로 하고, 아주 조심스럽게 밥상 메뉴들을 고수해나가던 중에 유인균을 알게 되고 고질적인 소화문제를 해결하게 되어 얼마나 고마운지요.

유인균을 이용한 발효음식 중에서 대두를 두 번 발효해 만든 환, 미강과 견과류를 섞어 만든 환 등을 먹은 지 며칠 만에 아침에 화장실을 편히 갈 수 있었습니다. 이후로 꾸준히 접한 발효음식들은 새콤달콤한 양배추 피클, 장아찌, 아이들이 좋아 하는 유인균을 우유에 넣어 발효한 치즈, 유청음료, 각종 천연발효식초 등등. 모두 맛도 좋았고 무엇보다 장이 편안해지면서 오후면 어김없이 찾아오던 피곤이 없어 일에 대한 집중력이 높아졌습니다.

요즘의 저는 아주 즐거운 마음으로 밥상을 기대하고 감사하는 마음으로 마음껏 먹고 있습니다. 물론 유인균 발효음식들과 식초들은 항상 가까이 두고 있고요.

미용실을 운영하는한 지인은 저녁이 되면 피곤해 밥 먹는 것조차 귀찮아했습니다. 그런데 우유에 유인균을 넣고 만든 치즈와 유청, 무즙 발효액 등을 먹고 피곤함이 확연히 줄어들어 이제 식사도 꼬박꼬박 하게 되었다고 합니다. 절에 기도 수행 갈 때에는 무즙을 발효해 가져가서 도반들과 나누어 먹었더니 "이게 뭔데 이리도 속이 편안하냐?"고 할 정도로 좋은 반응들이어서 갈 때마다 무즙 발효액을 만들어 다니신답니다.

또 한 분은 심한 변비로 오랫동안 고생하신 노신사로 일주일에 한 번 정도 화장실에 가는 데다가 가서도 용을 써야 겨우 볼일을 보는 일이 허다했답니다. 심지어 변이 나오기를 기다리다 지쳐서 병원에 가서 해결한 일도 있었던 분인데, 매일 아침 바나나, 또는 토마토(여러 과일)를 유인균을 넣어 갈아 먹고, 우유로 만든 치즈와 유청을 마시고, 파인애플 발효청은 음식 조미료로 사용하고 반찬마다 유인균을 넣어 먹는 노력 끝에 지금은 신사의 품격을 갖춘 화장실의 여유로움을 되찾아 얼굴이 활짝 피셨습니다.

유인균의 위대한 효능에 그저 놀랍고 감사할 따름입니다.

3 유인균 경험 사례

유인균 발효 유청이 좋아요

김원형

저는 52세 주부입니다.

유인균발효교실에서 수업을 듣던 어느 날, 제 관심을 끄는 이야기가 들렸습니다. 어떤 분이 유인균 발효 유청을 자랑하시는 말씀이었는데, 남편이 유인균 발효 우유 유청(우유를 발효해서 치즈를 건지고 남은 우유의 액상)을 3개월 정도 마시고 허리둘레가 4인치나 줄었다는 것입니다.

그동안 수많은 종류의 다이어트를 시도해 보았으나 좋은 결과를 보지 못했던 저에게는 무척이나 흥미로운 이야기였고, 몇 번을 되물어 자세히 들은 후에 유인균 발효 우유 유청 다이어트를 해보기로 했습니다.

유인균으로 발효한 유청을 먹은 지 2개월쯤 지나자 체지방이 눈에 띄게 감소하였습니다. 인바디 측정기로 확인한 결과 몸무게에서 근육량이 늘어나, 건강한 다이어트가 성공적으로 되고 있음을 알 수 있었습니다. 늘 붓고 무거웠던 몸이 건강하고 단단한 몸으로 바뀌게 된 것입니다. 저의 경우 그동안의 다이어트는 근육량 감소가 먼저 일어나고 체지방이 나중에 빠져 요요현상이 빠르고 몸무게도 두 배로 늘어났습니다.

그런데 유인균 발효 유청을 마시면서 가장 먼저 느꼈던 것은 혈액순환이 잘 된다는 것이었습니다. 피로감이 줄고 몸이 가벼워졌습니다. 다리와 발목, 허리에서 소리가 나면서 늘 뻑뻑했었는데 유인균 발효 유청

을 마시면서 칼슘이 보충되었는지 그런 소리가 없어지면서 뼈까지 단단해진 느낌이었습니다. 유청은 액상이라 흡수가 빠르고 소변도 시원하게 보고 피로회복이 빨라 아침에도 거뜬하게 일어납니다.

유인균 발효 치즈를 먹었을 때는 포만감으로 군것질 생각이 없어지고, 장 활동이 원활해져 배변이 잘 되어 배 속이 늘 시원하고 가벼웠습니다.

여성의 머리카락은 그 사람의 인물을 돋보이게 하는 데 정말 중요한 역할을 합니다. 머리카락이 가늘어지고 탈모로 인해 자신감이 많이 떨어졌는데, 가늘어진 머리카락이 굵어지면서 윤기가 나고 이제는 숱이 점점 많아져 가고 있어 자신감마저 팍팍 붙습니다.

참고자료

- 김규열 외(2012), 식료본초학, 의성당
- 버나드 딕슨(2002), 미생물의 힘, 사이언스 북스
- 이철원(2007), 잃어버린 영양소, 용안미디어
- 한국의과학연구원 자료
- 두산백과
- 위키백과

www.uinkin.co.kr
010-4800-2378
행복한 발효세상

황세란의 유인균 발효

발행일 /	2015년 10월 20일 초판 발행
	2017년 01월 15일 1차 개정
	2019년 01월 15일 2차 개정
	2021년 01월 15일 2차 1쇄

저 자 /	황 세 란
발행인 /	정 용 수
발행처 /	예문사
주 소 /	경기도 파주시 직지길 460(출판도시) 도서출판 예문사
T E L /	031) 955-0550
F A X /	031) 955-0660
등록번호 /	11-76호

정가 : 12,000원

- 이 책의 어느 부분도 저작권자나 발행인의 승인 없이 무단 복제하여 이용할 수 없습니다.
- 파본 및 낙장은 구입하신 서점에서 교환하여 드립니다.

예문사 홈페이지 http : //www.yeamoonsa.com

ISBN 978-89-274-2809-1 13590

이 도서의 국립중앙도서관 출판예정도서목록(CIP)은 서지정보유통지원시스템 홈페이지(http://seoji.nl.go.kr)와 국가자료공동목록시스템(http://www.nl.go.kr/kolisnet)에서 이용하실 수 있습니다.(CIP제어번호:CIP2018031109)